THINK TANK 大国智库

上海供给侧结构性改革与降低制度性交易成本研究

The Research on Shanghai Supply-side Structural Reform and Reduce Government-imposed Transaction Costs

沈开艳 彭 辉 等著

上海社会科学院出版社
SHANGHAI ACADEMY OF SOCIAL SCIENCES PRESS

目　录

第一篇　供给侧结构性改革与降低制度性交易成本的内在关联分析 ……… 1
一、供给侧结构性改革的内涵解析 ……………………………………… 1
二、制度性交易成本与经济运行的关系分析 ……………………………… 3
（一）制度性交易成本上升大大降低了市场体系运行的效率 …………… 3
（二）制度性交易成本上升使生产可能性曲线内移，使许多交易
无法进行，降低了潜在增长率 ……………………………………… 3
（三）制度性交易成本使外资投资减少、民间投资减少，也会导致
经济的下行 …………………………………………………………… 4
三、降低制度性交易成本必须以供给侧结构性改革为引领 ……………… 5
四、降低制度性交易成本与"放管服"的内在关联分析 …………………… 7
（一）将"放管服"作为降低制度性交易成本"牛鼻子"有利于重塑
良好的政商关系 ……………………………………………………… 7
（二）将"放管服"作为降低制度性交易成本"牛鼻子"有利于通畅
政府权力良性运作 …………………………………………………… 8
（三）将"放管服"作为降低制度性交易成本"牛鼻子"有利于改进
和创新社会治理 ……………………………………………………… 9

第二篇　供给侧结构性改革与上海"三去一降一补"问题研究 …………… 10
一、供给侧结构性改革与上海的经济与社会发展背景 …………………… 10
（一）供给侧结构性改革的提出 …………………………………………… 10
（二）上海供给侧结构性改革的经济与社会背景 ………………………… 10
二、上海经济的供给侧现状与结构性问题 ………………………………… 11
（一）经济发展方式仍存在着粗放式要素投入问题 ……………………… 11
（二）产业技术水平与区域空间分工协作问题 …………………………… 13

（三）劳动力素质有待提高，科技创新能力不足 ………………… 14
　　（四）政府管理经济的方式仍需转变 …………………………… 14
三、上海"三去一降一补"层面的现状特征 ………………………… 15
　　（一）去产能——聚焦衰退产业及其过剩产业，推动新产能落地 …… 15
　　（二）去库存——总量可控、空间失衡、区域分化 ……………… 17
　　（三）去杠杆——债务率相对不高，重点在于防范金融风险 …… 18
　　（四）降成本——塑造法治化与便利化的国际化大都市营商
　　　　　环境 ……………………………………………………… 19
　　（五）补短板——提高公共服务事业的质量与水平，创新社会
　　　　　治理方式 ………………………………………………… 20
四、上海推进"三去一降一补"的对策建议 ………………………… 21
　　（一）立足上海实际，明确推进的重点和原则 …………………… 21
　　（二）做好产业转移、结构升级与要素成本下降的工作 ………… 21
　　（三）简政放权、放管结合、优化服务上下功夫 ………………… 23
　　（四）用足用好自贸试验区平台，促进相关制度创新 …………… 24
　　（五）加快全球科技创新中心建设 ………………………………… 25
　　（六）创新社会治理，提高公共服务水平 ………………………… 27

第三篇　上海降低制度性交易成本之简政放权研究 ……………… 29
一、简政放权与降低制度性交易成本 ……………………………… 29
　　（一）简政放权与降低制度性交易成本的关系 ………………… 29
　　（二）通过简政放权来降低制度性交易成本的价值和意义 …… 30
二、上海的举措以及成效 …………………………………………… 30
　　（一）大力精简了行政审批项目 ………………………………… 31
　　（二）积极推进商事制度改革 …………………………………… 31
　　（三）积极推进"证照分离"改革试点 …………………………… 33
　　（四）税费负担合理降低 ………………………………………… 33
　　（五）大力清理、规范收费项目，率先开展了行政审批中介服务
　　　　　清理改革 ………………………………………………… 34
　　（六）进一步简化了企业投资项目核准程序 …………………… 35
　　（七）推进上海自贸区金融改革和国际金融中心建设等金融改革 … 35
　　（八）上海企业成本下降明显 …………………………………… 36

三、存在的问题 ·· 37
　　(一)"两会"中提出上海营商环境主要问题 ············· 37
　　(二)上海营商环境在国内城市中属前列,但仍有短板 ····· 38
　　(三)上海营商环境与先进国际经济体差距较大 ········· 39
四、原因 ·· 45
　　(一)制度设计规划不科学 ··························· 45
　　(二)上海部门制度执行存在阻力与失衡 ··············· 47
　　(三)上海部门制度调整优化不够及时 ················· 48
五、政策建议 ·· 48
　　(一)制度设计要以需求为导向,及时优化调整现有政策 ···· 49
　　(二)明确权责边界,规范权力行使 ···················· 49
　　(三)梳理权责关系,推进部门协同 ···················· 49
　　(四)完善行政审批标准化与"互联网＋政务服务" ······ 50
　　(五)发挥上海自贸区引领作用,进行先进举措的探索试验 ·· 50
　　(六)加快上海自贸区仲裁院建设,助力打造上海亚太
　　　　仲裁中心 ······································· 51

第四篇　上海降低制度性交易成本之事中事后监管研究 ········ **53**
一、上海加强事中事后监管及其制度创新的现状和成效 ·········· 53
　　(一)事中事后监管与降低制度性交易成本的关系 ······· 53
　　(二)自贸区初步建成事中事后监管制度 ··············· 54
　　(三)市场监管体制改革,建立综合执法体系和新体制 ···· 57
　　(四)持续推进"社会共治",构建开放型大监管格局 ····· 61
　　(五)着力构建"互联网＋监管"创新模式 ·············· 61
二、现阶段上海事中事后监管过程中存在的问题和难点 ·········· 62
　　(一)以信用为核心的事中事后监管机制不够健全 ······· 63
　　(二)监管机构联动性不强,仍存在重复监管等现象 ····· 63
　　(三)基层监管人员的数量不足,工作质量有待提高 ····· 63
　　(四)"单一窗口"建设"重形式"而不"重功能" ······ 64
　　(五)监管信息共享平台初步形成,但信息全面性、准确性有待
　　　　提高 ··· 64
　　(六)假冒伪劣和收费现象仍然存在,提高了企业运行成本 ···· 64

三、上海事中事后监管问题的深层次原因分析 ·········· 65
  (一) 企业信用信息来源单一,信用应用体制不完善 ·········· 65
  (二) 监管机构职能不够明确,监管缺乏针对性、层次性 ·········· 65
  (三) "宽进"背景下"严管"难度大 ·········· 66
  (四) 数据共享融合进展困难,数据平台建设存在障碍 ·········· 67
  (五) 政府打击假冒伪劣、反垄断审查力度不足 ·········· 67
四、加强事中事后监管,降低制度性交易成本的政策建议 ·········· 68
  (一) 优化机构设置,推进部门协同监管 ·········· 68
  (二) 加快政府职能转变,深化政府机构改革 ·········· 68
  (三) 加强人才队伍的建设,提升监管能力和服务能力 ·········· 69
  (四) 吸取国际单一窗口建设的主要成功经验 ·········· 70
  (五) 创新监管理念和方式,注重监管和服务的有机结合 ·········· 71
  (六) 强化市场价格事中事后监管,构建涉企收费长效机制 ·········· 71
  (七) 持续跟踪监管活动效果,加强监管影响评估制度建设 ·········· 72

第五篇 上海降低制度性交易成本之优化政府服务研究 ·········· 73

一、优化政府服务与降低制度性交易成本 ·········· 73
  (一) 优化服务与降低制度性交易成本的关系 ·········· 73
  (二) 通过优化政府服务来降低制度性交易成本的价值和意义 ·········· 74
二、上海市政府的特色举措和成绩 ·········· 75
  (一) "互联网+政务服务"工作总体水平居全国前列 ·········· 75
  (二) 推动"大众创业,万众创新"初步形成可复制可推广经验 ·········· 77
  (三) 为群众办事生活增便利 ·········· 80
三、问题和短板 ·········· 82
  (一) 政务服务瓶颈问题有待破解,与"上海服务"品牌建设
       要求存在差距 ·········· 82
  (二) 贸易便利化水平和营商环境有待提升,与上海打造全
       球卓越城市核心竞争力存在差距 ·········· 83
  (三) 服务创新的体制机制有待健全,与上海创新之城建设
       要求存在差距 ·········· 84
  (四) 企业满意感、群众获得感有待增强,与甘当服务企业
       "店小二"精神存在差距 ·········· 85

（五）"降成本"成效有待提升，与上海推进"三去一降一补"
　　要求存在差距 …………………………………………………… 86
四、原因分析 …………………………………………………………… 86
　（一）改革的推进存在"碎片化"现象 ……………………………… 86
　（二）改革的举措存在未落实落细情况 …………………………… 87
　（三）降低制度性交易成本给政府财政收入带来压力 …………… 88
五、政策建议 …………………………………………………………… 88
　（一）利用大数据打通政务服务"信息孤岛"，进一步提升服务
　　能级 ……………………………………………………………… 88
　（二）不断完善市场准入和监管方式，创造良好营商环境 ……… 89
　（三）健全完善创新支持机制，进一步推动"双创"建设 ………… 91
　（四）优化公共服务效能，进一步提升企业获得感、群众满意度 … 92
　（五）进一步发挥优化服务举措在降低制度性交易成本方面的
　　作用 ……………………………………………………………… 93

第六篇　上海降低制度性交易成本之行政执法体制机制研究 …… 95

一、引言 ………………………………………………………………… 95
二、上海市行政执法体制的现状与问题 ……………………………… 95
　（一）基本情况 ……………………………………………………… 95
　（二）特点分析 ……………………………………………………… 96
　（三）执法体制改革情况 …………………………………………… 104
　（四）存在的突出问题 ……………………………………………… 105
三、进一步深化行政执法体制改革的思路 …………………………… 107
　（一）横向结构——执法职能适当综合 …………………………… 107
　（二）纵向结构——执法内容适当差异化 ………………………… 109
　（三）职权配置——决策职能与执法职能适当分离 ……………… 110
四、进一步推进行政执法体制改革对策 ……………………………… 112
　（一）分类、分步推进七大系统综合执法 ………………………… 112
　（二）强化技术性较强执法部门的专业性执法 …………………… 116
　（三）转移以决策职能为主的部门的执法权 ……………………… 118
　（四）合理界定街镇承担的职责与执法任务 ……………………… 121

第七篇　上海建设全球科创中心市场环境分析 124

一、上海建设全球科创中心的意义及目标 124
　（一）上海建设全球科创中心的意义 124
　（二）上海全球科创中心建设的目标 126
　（三）全球科创中心的主要特征 129

二、国外城市科技创新的经验 130
　（一）美国硅谷 130
　（二）日本东京 134
　（三）英国伦敦 137

三、上海科技创新市场环境建设的瓶颈分析 143
　（一）创新资源的集聚瓶颈 143
　（二）财政金融支持服务瓶颈 147
　（三）科研成果转化瓶颈 151
　（四）创新服务支持瓶颈 157
　（五）配套政策支持瓶颈 160

四、对推进上海全球科技创新中心市场环境建设的几点思考 163
　（一）创新科技管理模式，进一步释放创新空间和激活创新潜能 163
　（二）加强各种创新资源整合和资源共享，促进协同创新 164
　（三）积极推进合作交流，搭建各种创新平台与集聚全球创新资源 164
　（四）进一步完善创新人才机制，打造全球创新人才高地 165
　（五）推进新载体建设，增加全球创新要素配置功能和提升科技孵化能力 165

第一篇 供给侧结构性改革与降低制度性交易成本的内在关联分析

2015年12月,中央经济工作会议首次提出"要降低制度性交易成本"。2016年12月召开的中央经济工作会议进一步要求"要降低各类交易成本特别是制度性交易成本"。2017年12月18日至20日中央经济工作会议指出,2018年是贯彻党的十九大精神的开局之年,是改革开放40周年,是决胜全面建成小康社会、实施"十三五"规划承上启下的关键一年。做好2018年经济工作,要坚持以供给侧结构性改革为主线,统筹推进稳增长、促改革、调结构、惠民生、防风险各项工作。2017年12月21日,上海举行全市党政负责干部会议,传达中央经济工作会议精神。上海市委书记李强强调,深化供给侧结构性改革,在"破"、"立"、"降"上下功夫,破除制约创新和开放的制度性短板。因此,降低成本特别是制度性交易成本是中国经济进入新常态以来推进供给侧结构性改革的重要内容和方法。这表明,我们已经认识到交易成本的重要性,把交易成本作为一种重要的分析方法已经在最高决策层形成共识并用以指导实践。目前,上海正处于由投资驱动向创新驱动的转型关键期,肩负"率先转变经济发展方式"的重大历史使命,同时也面对制度性交易成本过高牵制企业创新发展的羁绊。对供给侧结构性改革与降低制度性交易成本的契合性加以理论论证,是建构分析框架的重要基础。

一、供给侧结构性改革的内涵解析

从政策演变的角度来看,供给侧结构性改革的内涵是一个不断完善和发展的过程。自2015年11月10日习近平总书记首次提出"供给侧结构性改革"以来,在一个月后的中央经济工作会议中,从改革力度、要素配置、供给效率与质量、供给结构、生产率等方面对供给侧结构性改革的含义进行了解析。

2016年,习近平总书记在多个不同重要场合,对供给侧结构性改革的含义进行了阐述。比如,从认识论和矛盾论的角度,指出供给侧结构性改革与西方供给学派的理论是有区别的,不是其复制品,供给侧结构性改革并不忽视需求侧,而是强调矛盾主要方在供给侧;从时代背景、根本目的、主攻方向和本质属性等方面对供给侧结构性改革给予具体阐述;并首次提出"有力、有度、有效"是坚定不移推进供给侧结构性改革的新要求等。

从学术探讨的角度来看,关于供给侧结构性改革的含义,主要有五种观点:

(1) 供需平衡论,强调运用改革的办法矫正供需结构错配、要素配置扭曲、有效供给滞后等问题,从而实现供需平衡。

(2) 生产效率论,强调改革的切入口是供给、生产端,目的是解放生产力,提升竞争力,促进经济发展。

(3) 要素提升论,强调通过实质性的改革措施,加大要素市场开放,打通要素流动通道,优化资源配置,全面提高要素生产率。

(4) 制度供给论,强调通过制度供给来提升整个供给体系的效率与质量。

(5) 方式转变论,强调实现经济发展方式从投资驱动向效率驱动的转变,提高供给效率与质量。[①]

关于供给侧结构性改革的界定,目前仍没有统一的标准。我们认为,理解供给侧结构性改革的内涵,需要把握以下几点。

(1) 供给侧结构性改革的提出是适应经济发展新常态的需要,尤其是为了应对各种不合理的结构性问题。

(2) 中国语境的供给侧改革并不否定需求侧的改革,而是在两者共同推进的过程中,更加注重供给侧改革。

(3) 从改革实质来看,供给侧结构性改革就是以市场化为导向、以破除供给约束为目的的政府改革,因而降低市场门槛、放松行政管制、降低企业成本、提高供给效率与质量是其实质性内容。

(4) 从本质内涵来看,供给侧结构性改革主要是对各种束缚经济发展的体制机制的改革创新,因而制度变革、结构调整、要素提升是其根本动力。

---

① 邵光学,王锡森.供给侧结构性改革研究述评[J].经济学家,2016-12.

二、制度性交易成本与经济运行的关系分析

(一) 制度性交易成本上升大大降低了市场体系运行的效率

经济下行导致我国一些管制措施的加强,这是我国制度性交易成本上升的一个重要原因。一旦经济下行压力增加,一方面,政府就主导投资稳增长,政府主导的投资占用了资源,增加了要素的成本,市场中的企业投资不积极,政府那一部分占的比重越来越大,市场占的比重越来越小,整体效率下降,又导致经济下行的进一步压力,这就形成恶性循环。另一方面,面对经济下行中出现的问题,政府各部委就出台相应的政策、规则及改革方案,我们统称制度供给。典型的如房地产市场,房地产价格无论是涨还是降,政府都要管。我国许多市场由于制度的缺失、制度的扭曲导致其供求关系无法形成均衡。

尤其是2008年后出台的许多规则不仅增加了企业的制度性交易成本,而且还不利于市场机制的运行。体制成本是中国经济的决定性变量,体制成本降,经济增;反之亦然。[①] 我国市场中的成本除了科斯所讲的正常市场机制中的成本外,还存在我们所讲的制度性交易成本,如准入限制、获得资源的限制、各种管制、过高的税费等。我国市场的总交易成本=市场型交易成本+非市场型交易成本(制度性交易成本)。制度性交易成本提高的后果表现为,一是抑制了市场功能的发挥,导致市场失灵;二是增加了市场的不确定性,从而为进一步的控制提供了依据,又会增大制度性交易成本,从而形成恶性循环。

(二) 制度性交易成本上升使生产可能性曲线内移,使许多交易无法进行,降低了潜在增长率

制度性交易成本上升使市场规模减小,影响分工的深化,影响新的产业发展。

第一,制度性交易成本降低了潜在的增长率。在科斯看来,交易成本不仅影响生产要素的合约安排,而且还有可能使许多商品和服务的交易无法进行,从而降低潜在增长率。制度性交易费用的发生往往与政府的法律法规、政府行为有关。一个明显的例证是,政府取消企业注册时的最低资本金要求,使得2014年一季度的新公司注册数比2013年同期激增了43%。因为新创办的企

[①] 周其仁.体制成本是中国经济的决定性变量[N].经济参考报,2017-01-11.

业多是民营企业,而国有企业可以通过保留利润等方式获得政府的股权投资,这样的限制在取消之前显然意味着民营企业和国有企业在市场进入方面并不在同一起跑线上。类似的规定限制了我国新企业的产生。

第二,资源配置上的所有制歧视。在我国转型期,竞争性行业的国企资源利用率整体低于非国企。尤其是在国企占优势地位的现代服务业,非国企有潜力发挥更大作用。更重要的是,各种所有制类型的企业在市场上平等竞争,是以多种所有制并存为特征的"基本经济制度"的基石。假如国企与非国企的平等竞争被证明在中国根本就无法实现,多种所有制并存就很难长久。我国平等对待公有制经济与非公有制经济的产权原则与实际的所有制歧视是相互冲突的。

第三,制度性交易成本上升使企业的利润越来越少,弃实转虚导致经济下行。制度性交易成本上升使社会资源由生产性转为非生产性,社会的创业创新活力减少。制度性交易成本会改变生产性与非生产性活动的报酬。制度性交易成本的上升使生产性活动的利润减少,甚至亏损,而此时,搞非生产性活动更有利。社会产品没有什么增长,而非生产性活动有利可图,也会导致经济下行。市场决定资源配置的经济会促使企业在竞争中去寻利,而资源重新配置的追赶型经济则会导致寻租。一个社会再分配大,寻租的可能性就大大地增加。政府再分配资源本意是要促进产业的发展,但分配资源的过程却演变为瓜分而不是做大经济蛋糕的行为。政府过多干预经济和管制经济也会导致寻租,因为很多机会源于制度空缺,中国企业领导者将他们的注意力放在利用这些机会而不是探索新颖的创新活动上。中国商人与欧美国家的商人的区别在于,中国的商人不是做更好的捕老鼠器,而是搞到捕鼠的特权。①

(三) 制度性交易成本使外资投资减少、民间投资减少,也会导致经济的下行

国与国之间的竞争最重要的是制度的竞争。好的制度可以降低交易成本,从而把世界的资源吸收过来。从投资主体来看,外资及民间投资对制度性交易成本上升反应要敏感得多。制度性交易成本的上升对民间投资及非公有制企业的影响可以从以下几个方面来看:

第一,从平等地获取生产要素来看,国企比民营企业更容易获得银行融资,而国企的平均资本回报率显著低于民营企业或外资企业。

---

① 郑琳.中国商人的传统为啥不是造更好的捕鼠机[N].钱江晚报,2012-01-08.

第二，从财政补贴来看，在全球性"产能过剩"的背景下，全球各大经济体所实施的量化宽松的货币政策的受益者是其境内所有的企业。但是，中国只有国企成为这一政策的主要受益者。中国政府对创新活动的补贴对象主要是国有企业，但是创新活动，包括专利，大部分来自国内的民营企业。

第三，行政审批对竞争的影响，不仅限于正式法规，还应包括诸如领导批示一类的行政指令，其中有很多不属于公开信息，这增加了研究的难度。例如，对投资项目的行政审批是产业政策的主要工具之一，要判断投资项目的审批在多大程度上存在所有制偏向，就非常困难。但总体来说，目前中国的监管环境对国企与非国企竞争的影响不太可能是中性的。上述都是所有制歧视和部委制度供给制中抑制私人经济的必然结果。这些制度性交易成本是这些年我国民间投资减少的重要原因。制度性交易成本的上升导致外资和民间投资的下降，为了稳增长和抑制经济下行，这会增加政府和国有企业的投资，而国有经济投资低效、损失、错配又会加剧经济下行。

三、降低制度性交易成本必须以供给侧结构性改革为引领

就狭义而言，降低制度性交易成本是指减轻企业因遵循和使用各类公共制度所需支付的成本。从降成本的方式来看，降低制度性交易成本主要在于转变政府职能，放松管制，完善规制，压缩审批事项，清理规范中介服务等行为。降低制度性交易成本是企业降成本最重要的一环。与其他显性成本相比，制度性交易成本是企业面临的最难攻克的隐性成本，也称"灰色地带"成本。因其涉及体制机制的变革，是政府对自身"动刀"的过程，降成本的阻力大。降低制度性交易成本的重任主要落在政府身上，需要政府深化改革，降低企业税费负担，解决企业融资难、融资贵等问题，为企业扫除盈利面临的各种关卡。

从上述关于降低制度性交易成本的含义、方式及地位可以看出，降低制度性交易成本与供给侧结构性改革密切相关。一方面，降低制度性交易成本是供给侧结构性改革的核心诉求。从含义来看，供给侧结构性改革主要是对束缚经济发展的体制机制的改革，制度性交易成本就属于体制机制改革的范畴。"结构性改革一词……主要是指政治、社会、经济结构的改革，也就是常说的体制改革。"①显然，降低制度性交易成本有助于提升企业创新能力、增强供给效

---

① 郑京平.对中国供给侧结构性改革的几点认识[N].开放导报，2016-02.

率与质量、改善供给结构与要素生产率,这正是供给侧结构性改革的目标指向,因而,供给侧结构性改革的核心思想是降低制度性交易成本。① 从降成本的方式来看,降低制度性交易成本主要依赖于政府职能转变,简政放权,为企业生产和经营创造便利条件,这正是供给侧结构性改革的核心任务。供给侧结构性改革的实质就是一场政府改革运动。从地位来看,降低制度性交易成本是降成本"组合拳"的首要环节,而降成本是供给侧结构性改革的核心内容之一。"按照中央经济工作会议的部署,2017 年经济工作的重点任务……就是深化供给侧结构性改革。在这一背景下,降成本的意义会更加凸显,围绕降成本的政策措施会摆到更加重要的位置。"②

另一方面,供给侧结构性改革是降低制度性交易成本的根本指引。首先,从宏观战略与微观战术的关系来看,降低制度性交易成本须以供给侧结构性改革为导向。供给侧结构性改革是短期任务与长期战略的结合,短期任务就是"三去一降一补"。③ 其中,降低制度性交易成本尤其需要供给侧改革的引领。通过落实简政放权、实施结构性减税、放松行政管制等改革,转变政府职能,提高政府效能。其次,从改革路径来看,降低制度性交易成本须以供给侧结构性改革为统领。制度变革、结构调整、要素提升是供给侧结构性改革的根本动力。也即,提高制度供给质量与效率是其核心诉求,而降低制度性交易成本主要是通过推进制度创新、改善制度供给得以实现的。"降低制度性交易成本,主要在于进一步简政放权、深化行政审批制度改革、大力推进审批中介服务体制改革、深化资源要素市场化配置改革、完善地方政策工具箱。"④这些都离不开供给侧结构性改革的引导。最后,从降成本的系统构成来看,降低制度性交易成本也须以供给侧结构性改革为指引。降低制度性交易成本是政府的一场"自我革命",须系统思考,整体把握。主要包括权力下放,清权减权,审批备案,以及变革监管方式,增强服务能力,加大信息共享等。⑤ 显然,这些任务的系统完成、措施的贯彻落实,须以供给侧结构性改革为根本指引。

---

① 赵洋. 降低制度性交易成本关键在落实[N]. 金融时报,2016 - 05 - 11.
② 高培勇. 降成本要与供给侧结构性改革相匹配[N]. 光明日报,2017 - 01 - 17.
③ 胡鞍钢等. 供给侧结构性改革——适应和引领中国经济新常态[N]. 清华大学学报(哲学社会科学版),2016 - 02.
④ 孙裕增. 制度性交易成本演变与改革路径[J]. 浙江经济,2016(23).
⑤ 张进. 降低制度性交易成本仍有空间[N]. 湖北日报,2016 - 11 - 09.

四、降低制度性交易成本与"放管服"的内在关联分析

与发达市场经济国家不同,我国的市场经济是由计划经济转型而来。由于转型是一个新旧交替的过程,经济社会结构、功能的分化与变动,必然要求制度以及政府的结构、功能和作用方式、领域等随之而变化、调整,以解决政府与市场、社会关系中出现的"越位"和"缺位"问题。为此,基于经济社会转型以及运行系统的转变,必然要求制度和政府职能做相应改革与调整。一方面,为了发挥市场的作用和调动社会积极性,政府需要调整自身的行为边界,退出一些领域,适当下放一些权力,消除公权对市场和社会发展的抑制因素。另一方面,需要政府适当集中一些权力,强化其在市场体系建构、维护产权与契约、保障社会平稳运行等方面的职责,提升其治理能力,为市场配置资源提供健全的制度体系和公正的外部环境。这就意味着并非要求政府简单的退出,而是要求其"进退并行",成为一个有为的高效政府。如果制度改革与调整不能随之到位,就可能增加制度成本。

简政放权、放管结合、优化服务,是全面深化改革特别是供给侧结构性改革的重要内容,一直为党中央、国务院高度重视。"放管服"改革也被社会各界视作降低制度性交易成本的先手棋、转变政府职能的当头炮。"放管服"改革也是降低制度性交易成本的"牛鼻子",当前,"放管服"改革已经进入"深水区",既要打好"攻坚战",也要打好"持久战",才能以扎扎实实的改革成效为经济社会发展凝聚起强大动力,充分发挥市场的决定性作用和更好发挥政府作用,着力打造良好发展环境。

(一)将"放管服"作为降低制度性交易成本"牛鼻子"有利于重塑良好的政商关系

良好的政商关系维护是企业生存与发展的重要基础。党的十八届三中全会以来,我国的政商关系获得很大的发展,新型政企关系正在形成,政府职能边界不断明晰,企业的市场主体地位不断提高。相应地,企业承担的制度性交易成本不断下降。然而,在这个变化过程中,仍有一些现象没有消除,甚至还衍生了一些新问题,对企业降成本构成了阻力。具体表现为:

(1)"卡要"现象仍然存在。所谓"卡要",这里特指企业用于维护政商关系的支出。据调查,一般企业用于维护政商关系的支出超过其销售收入的

1%,即便是小型企业,每年也有上百万元用于这种支出。①

(2)"不作为"的现象比较突出。在高压反腐以及官员问责背景下,缺乏激励的政府官员害怕被扣上"官商勾结"、"权钱交易"的帽子,尤其害怕与民营企业家打交道,怕与他们走得近后说不清,②往往对企业申请办理的事务采取观望、拖延、推诿等不作为办法,致使企业承担较大的时间成本、机会成本和人力成本。"随着反腐败斗争的深入,一些政府部门和领导干部又走上另一个极端。他们对商家敬而远之,该办的事不办,生怕被冠以'权、利输送'之名;商家到政府办事时,'门好进了、脸好看了,事却难办了'。不论是官的乱作为还是不作为,都是政商关系病态的表现。"③

(3)法规惩罚弹性大。正是因为法规中对相关违规企业的处罚弹性大,才给有关部门"卡要"提供了机会。这种执法尺度与关系亲疏程度的关联性的建构,使得企业"疏通"官员与否直接影响其相对收益。显然,这不利于公平竞争和企业减负。从这个角度而言,将"放管服"作为降低制度性交易成本"牛鼻子"有利于重塑良好的政商关系。

(二)将"放管服"作为降低制度性交易成本"牛鼻子"有利于通畅政府权力良性运作

政府权力运作不畅是降低企业制度性交易成本面临的核心阻力。可以说,权力不下放或空转,降低企业制度性交易成本就成为一句空话。当前政府权力运作不畅问题具体表现为:

(1)降成本的政策在基层落实难。这种现象可以表征为"上面政策和下面执行呈现'两张皮'"。据相关调查,企业拿着降成本的红头文件去基层办事,往往找不到"庙门",被"我们还没弄明白,你们先等着吧"等托辞所推诿。④降成本的政策形同虚设,简政放权遭遇"中梗阻"。

(2)权力下放基层后"接不住"或"不想接"的现象较为普遍。此类问题针对的主要是基层人员编制少且工作能力欠缺,审批权下放与审批事项多、工作

---

① 白天亮等.这些成本最该降!——对两省四市五十三家企业制度性交易成本的调查[N].人民日报,2016-05-09.
② 杨卫敏.构建"亲""清"政商关系探析——学习习近平有关新型政商关系的重要论述[J].江苏省社会主义学院学报,2016(03).
③ 邵景均.构建新型政商关系[J].中国行政管理,2016(4).
④ 白天亮等.这些成本最该降!——对两省四市五十三家企业制度性交易成本的调查[N].人民日报,2016-05-09.

量大导致基层办事人员数量相对不足的状况。"中央将行政审批权下放到地方以后,减少了中央部委的审批程序和时间,但没有解决基层的审批效率问题,甚至在审批权力增加以后,地方的审批时间延长了。"①一些受访企业反映,以前跑跑一周能办完的事,现在网上申请要一个月才能批下来。原本是提高效率的网上申报却变成企业口中的"耽误时间"。网上办公自动化、协同化、效率化的优势没有得到充分体现。

(3) 降成本的政策文本笼统,缺少配套细则和具体措施,较难操作。即便有许多相应的政策解读,但对企业来说,仍然难以理解和把握。如对企业境外融资的放开,原本是利好,但由于缺少相应的配套细则,企业不敢做,害怕踩了偷税漏税的"雷"。

(三) 将"放管服"作为降低制度性交易成本"牛鼻子"有利于改进和创新社会治理

按照习近平总书记的要求,"十三五"期间,上海将由科学发展先行者转向创新发展先行者,通过建设具有全球影响力的科技创新中心,提高城市发展的核心竞争力,推动上海到2020年基本建成"四个中心"和生态文明的国际化大都市。这就需要全面深化体制改革和降低制度性交易成本,更好地发挥市场在资源配置中的决定性作用,更好地发挥政府作用,同时,还需要更多、更好地发挥社会力量作用,激发社会组织活力,改进和创新社会治理,努力形成全面创新发展的社会环境,激发全社会的创造活力和动力。按照中央要求、结合上海实际,市委于2014年把"创新社会治理、加强基层建设"列为一号调研课题,2015、2016、2017年连续三年将这项工作列为市委重点推进和督查工作,每年都召开工作推进会,持续抓推进抓落实,出台了《关于进一步创新社会治理加强基层建设的意见》及6份配套文件,取得了实实在在的成绩,但在区域化党建、社区共治、居村自治、培育和发展社会组织、深化镇管社区、优化社区服务等领域仍有提升空间。合抱之木,生于毫末;九层之台,起于累土。对此,可以将"放管服"作为降低制度性交易成本"牛鼻子",练好每一个基层的"改革功夫",全面深化改革才能不断深入推进,群众才会有更多、更好的认同感、获得感和幸福感。

---

① 陈炳才.行政审批并非简单的权力下放[J].行政管理改革,2015(12).

第二篇　供给侧结构性改革与上海"三去一降一补"问题研究

一、供给侧结构性改革与上海的经济与社会发展背景

(一) 供给侧结构性改革的提出

2015年11月10日,习总书记主持召开的中央财经领导小组第11次会议,专门研究经济结构性改革和城市工作。习总书记发表重要讲话强调,推进经济结构性改革,是贯彻落实党的十八届五中全会精神的一个重要举措。2016年1月26日,习总书记主持的中央财经领导小组第12次会议,研究供给侧结构性改革方案。2016年3月召开全国两会,供给侧改革再次成为国内外关注的焦点。两会的决定对中国经济、对世界经济都非常重要。2016年5月16日,习总书记在中央财经领导小组第十三次会议上强调:推进供给侧结构性改革,是综合研判世界经济形势和我国经济发展新常态作出的重大决策,重点是推进"三去一降一补"。

当前,我国经济发展处于新常态之中,我国经济发展呈现新情况与新特征,也出现了前所未有的新问题。推进供给侧结构性改革是我国经济发展处在新常态大背景下中央做出的重大举措,是解决经济发展深层次结构性矛盾的必然要求,其根本目的是提高社会生产力水平,落实好以人民为中心的发展思想。供给侧结构性改革是党中央为应对潜在增长率下降而提出的结构性改革政策,重点是围绕提高供给体系质量和效率,提高供给结构对需求变化的适应性,提高全要素生产率,更好满足广大人民群众的需要,促进经济社会持续健康发展。

(二) 上海供给侧结构性改革的经济与社会背景

目前,上海正处于城市发展的战略性关键期,既是机遇,又是挑战。上海

要建成全球科创中心,建成全球城市,就必须进行供给侧改革。推进供给侧结构性改革是新形势下上海当好改革排头兵和先行者的新要求、新使命。率先建设有全球影响力的科技创新中心,推动经济增长从要素驱动向效率驱动转型,提升全球科技资源的集聚和辐射力,探索中国特色自主创新和科技进步模式,为我国新一轮经济增长创造新动能,是上海落实国家创新驱动发展战略的具体实践。

上海是引领全国改革开放和创新驱动的先行者,上海的供给侧结构性改革要从自身的条件出发,更要从全球的高度谋篇布局,提高对全球资源的配置力。供给侧结构性改革就是要充分发挥市场在资源配置中的决定性作用,消除要素流动障碍,建立统一市场;通过激发各类市场主体的活力,挖掘要素创新潜力,提高全要素生产率,着力增强供给结构对需求变化的适应性。

上海必须立足更高起点、更宽视野、更严标准,通过供给侧结构性改革加快经济转型升级,新旧增长动能转换。上海应以结构调整为主攻方向,以政府自身改革为突破口,用好自贸试验区和科创中心两大平台,抓推进、抓落实、抓系统集成,推动上海经济整体提质增效,为形成供给侧结构性改革经验服务全国,为我国经济迈向"中高速、中高端"作出新贡献。

二、上海经济的供给侧现状与结构性问题

(一) 经济发展方式仍存在着粗放式要素投入问题

目前,上海的供给质量和效率与全球城市纽约、伦敦、东京相比仍有较大的差距,不仅 GDP 总量与三大全球城市相比差距较大,而且在人均 GDP、全员劳动生产率、地均产出以及人均能耗等方面都与全球城市有较大差距。上海的发展模式仍较为粗放,经济增长依赖于人口和土地的要素投入的特征还比较明显,环境超负荷承载问题比较突出。

1. 上海经济粗放型发展的土地、资源与环境刚性约束

上海距离利用制度创新与科技创新推动发展仍有很长的路要走。上海与国际一流城市在供给质量和效率上的差距明显大于总量的差距,主要问题在于上海的发展模式仍较为粗放。2005 年,上海市常住人口 1 778 万,建设用地 2 400 平方公里;2015 年,常住人口增至 2 415 万,建设用地增至 3 200 多平方公里。经济增长过多依赖固定资产投资和房地产,高端服务业和先进制造等高端产业从规模到质量与国际一流城市相比仍有不小的差距。上海的土地承

载力已经越来越成为城市经济与社会发展的刚性约束,上海的城市人口不可能无限制增长,城市人口必须控制在土地可承载的范围之内,才能有利于特大城市功能的发挥与防范大城市病的发生与发展。

2. 上海城市规模过大的负外部性不断显现

一方面,因城市规模过大、工业生产集中导致环境污染、交通拥堵、房价高企等问题,不但增加了居民的通勤成本,也阻止了外来人口的流入;另一方面,能源、资源与生态环境压力增大。2000—2014年间,上海的能源消耗量从5 413万吨标准煤上升到11 085万吨标准煤,年均增长5%。预计"十三五"上海的能源消费的增量压力还会增大。2016年1月20日,国际环保组织绿色和平发布的《2015年度中国366座城市PM2.5浓度排名》中,上海PM2.5的年平均浓度为53.9微克/立方米,高于我国《环境空气质量标准》中的二级浓度限值,即35微克/立方米;远未达到世界卫生组织设定的PM2.5空气质量准则值,即10微克/立方米。[①] 同全球城市纽约、伦敦和东京相比较,上海的空气

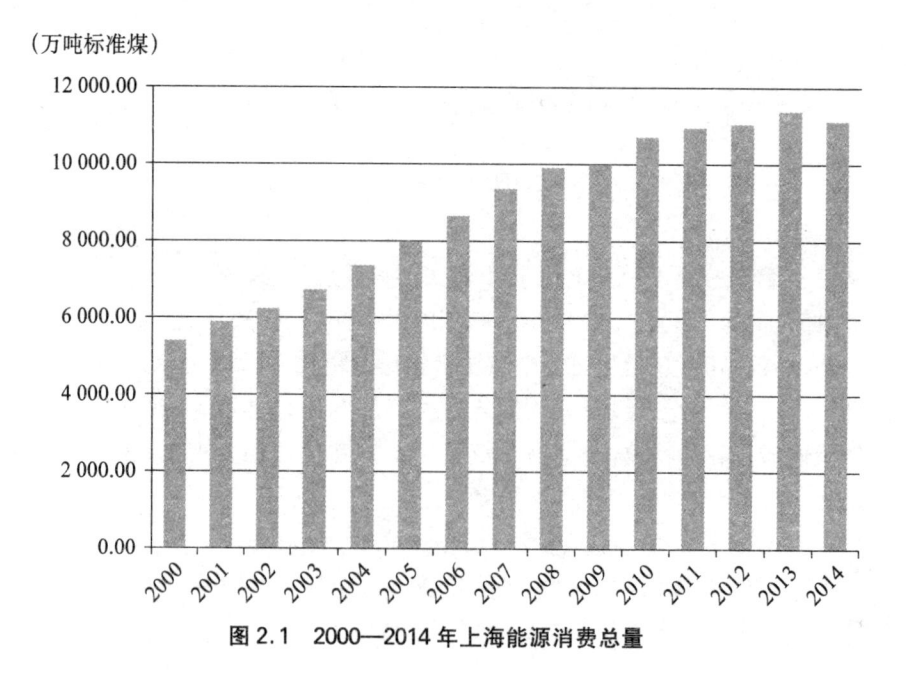

图2.1 2000—2014年上海能源消费总量

[①] 张伟.2015年度中国366座城市PM2.5浓度排名[M].北京:中国大气网,http://www.chndaqi.com/news/235842.html.

质量与环境发展亟须大幅度提高,才能适应建设全球科创中心和国际性大都市的需要。

3. 上海在科技创新能力和水平方面还比较薄弱

通过科技创新推动产业升级和经济增长是上海未来发展的必由之路,但是由于科技创新能力薄弱,创新数量和质量相对较低,上海在专利规模、专利授权率等方面较全球城市都有明显的差距。

未来上海必须加大创新力度,从模仿创新向自主创新转变。创新的实现需要高素质的人才,高素质的人才也是塑造城市竞争力的关键。上海在科研、技术创新、金融等领域都存在人才短缺的情况。据统计,未来5年上海金融人才将增15万[1],电商人才缺口巨大[2]。人才的形成和集聚需要教育的投入和外部人才的引入。2015年,上海的公共教育支出占GDP的比重仅为3%,每十万人在校大学生数相当于纽约的1/5,上海无论是在教育基础设施、教育经费投入以及教育质量方面都比全球城市低得多。同时,过高的房价和生活成本成为阻碍优秀人才来沪发展的主要原因。

表2.1　　　　　　　　上海高技术产业发展情况

年份	2010	2011	2012	2013	2014
总产值(亿元)	6 958.01	7 060.47	6 824.99	6 780.06	6 648.34
占全市比重(%)	23.2	21.8	21.4	21.0	20.4

资料来源:历年的上海统计年鉴。

(二) 产业技术水平与区域空间分工协作问题

第一,高技术和高附加值的产业在产业结构中的比重亟须提高。从人均GDP不足1 000美元到突破1万美元,上海产业结构中的服务业占GDP的比重低于70%。高新技术产业的支撑作用还比较有限,2014年占全市工业总产值的比重只有20%。高技术与高附加值产业在上海产业结构之中的作用需要进一步提高,以推动上海的产业结构继续升级,削弱上海经济外延扩张式增长的特征,不断减弱经济增长对资源与劳动力数量投入的依赖。

---

[1] 张雪花.未来5年上海金融人才将增15万[N].解放日报,2015-10-23.
[2] 刘静.电商人才缺口巨大　上海率先启动《电子商务人才储备计划》项目[EB/OL].http://edu.163.com/16/1122/17/C6G9OA0E00294KHN.html.

表 2.2　　　　　　　　上海高技术产业发展情况

年份	2010	2011	2012	2013	2014
工业总产值(亿元)	6 958.01	7 060.47	6 824.99	6 780.06	6 648.34
占全市比重(%)	23.2	21.8	21.4	21.0	20.4

资料来源：历年的上海统计年鉴。

第二，全要素生产率较低，科学技术在生产中的地位与作用亟须提高。制造业内部六大支柱产业的比重过高，表明制造业发展仍依赖政府扶持与政策支持。服务业内部结构也不尽合理，一些具有知识密集特征的生产性服务业比重过低，如信息咨询服务业、教育、综合技术服务业三部门的比重，基本在1%左右，而在伦敦仅教育就占4.84%。

第三，区域合作协调机制亟待建立。国际大都市实质是建立在周边城市的支持与拱托之上的。目前，上海与周边城市的分工与协作还停留在初级水平，上海与浙江、江苏的产业同构化问题还较为严重，长三角三省一市的城市相互争夺资源、市场恶性竞争的现象还较为常见。如果区域合作协调机制、产业同构化问题得不到较好的解决，上海的产业发展与产业结构升级将遇到很大的障碍。

(三) 劳动力素质有待提高，科技创新能力不足

第一，高端产业创新人才短缺。服务经济的产业结构主要依赖于高素质的人才。人力资源是塑造城市国际竞争力的关键，也是城市产业发展赖以生存与发展的基础。上海的劳动力素质有待提高，金融、科研、技术创新人才还较为短缺。

第二，科研和人力资源投入规模较低。上海的科研投入总量较低，对教育的投入需要进一步增加。上海的公共教育占GDP的比重约为3%，每十万人在校大学生数相当于纽约的1/5，万人拥有的图书馆数也比纽约、伦敦、东京、香港和新加坡低。人力资源是一个城市，特别是发展成为全球城市最重要的资源。上海的教育经费投入、教育基础设施建设与教育质量都比现有的国际大都市低得多。

(四) 政府管理经济的方式仍需转变

一是公共服务和社会管理供给不足的问题。长期以来，政府的工作重点以经济建设为中心。上海作为中国的经济中心城市，政府职能"越位、错位、缺位"的现象依然明显。各级政府部门承担了相当多的经济职能和发展任务，往

往过多地把工作重心放在微观经济领域,弱化了社会管理职能。在某些公共服务领域,政府还存在不同程度的"缺位"问题,这不仅会导致政府与市场作用的扭曲,引发政府行为的紊乱,助长权力行使的非理性,还有可能引发民众对政府的不信任,使政府的公信力大大下降。尽管上海近年来在社会事业发展和公共领域方面不断增加投入,社会发展水平在国内处于领先水平,但是与日益增长的城市公共服务和社会管理需求相比,政府公共服务和社会管理职能的发挥依然滞后。

二是政府管理方式与大城市管理要求相适应的问题。近年来,上海以行政审批制度改革为抓手,大力推进《行政许可法》实施,有效提升了政府职能效率。但是受到政府利益导向的影响,在一些重点领域仍然采取直接的行政化管理,主要表现为直接干预、歧视性行为、透明度不足、缺乏统一连贯的行政程序等一系列问题。从构建国际化大都市的目标和要求来看,上海市政府行政管理方式中的这些不足将产生消极的影响。

三是建立民主决策机制和政府依法行政的问题。通过政府工作流程的再造,上海已经初步建立了一整套行政管理的制度框架,包括管办分离、民主决策、社会监督、绩效考核等,但是这些制度的具体执行效能与质量还存在相当多的问题。部分是由于制度本身还存在一定的缺陷,但更关键的是以"政府"为本位的传统管理理念仍具有很大的影响,与建设以公众利益为导向的服务政府、责任政府和法治政府的目标存在相当的距离。

三、上海"三去一降一补"层面的现状特征

在"三去一降一补"中,上海在去产能方面重在推动新产能落地,去库存仅表现在部分区域,去杠杆问题并不突出。最突出的问题是进一步厘清政府与市场的关系,从源头上帮助企业减轻负担,弥补创新和民生短板。充分利用好建设自由贸易区和全球科创中心的契机,增强技术创新和成果转化能力,培育有效供给和高端供给,适应上海转型升级和增长动能转换的需要。

(一) 去产能——聚焦衰退产业及其过剩产业,推动新产能落地

1. 上海已在较早时期进行了产业结构战略性调整,目前去产能问题并不突出

上海的产业战略性调整始于20世纪90年代,经过长达20多年的调整,

特别是在"十一五"和"十二五"期间,上海对去产能的工作中加大工作力度,不断推进产业结构的战略性调整,下大力气淘汰了一批落后产能,取得了明显成效,产业结构较全国其他地区更加优化。对于上海而言,消除过剩产能、处理僵尸企业并不是上海的中心任务,上海的中心任务是通过产业结构调整,为新产能的落地腾挪空间,提供技术支持。

国家去产能的重点主要集中在重工业领域,如钢铁、煤炭、水泥、电解铝、平板玻璃等供给过剩、污染严重的行业,去产能的方式主要是市场和政府相结合,通过兼并重组、破产清算等实现市场出清,化解过剩产能。上海较早就认识到产能过剩和重工业产生严重的环境污染等问题,较早开展去产能的行动,比全国其他地区具有先动优势,取得了一些阶段性成果。因此,全国的产能过剩与僵尸企业问题在上海表现得并不突出。

2. 衰退产业及其劣势产能面临全行业退出

目前,上海部分"三高一低"行业,如平板玻璃、电解铝、铁合金、焦炭、制革等,已完成整行业淘汰;水泥、铅蓄电池完成行业整合;造纸已实现无原浆生产。对于上海而言,产能过剩和僵尸企业问题并不突出,上海要去的产能并非过剩产能,而是不适应产业转型升级的相对过剩产能。

表 2.3　　上海的衰退产业及其产能过剩产品的产量趋势(万吨)

工业产品	2012 年	2013 年	2014 年
水泥	794.71	750.31	685.97
粗钢	1 970.91	1 811.08	1 774.55
化学纤维	48.24	48.00	45.35
焦炭	632.60	539.48	488.56

资料来源:历年的上海统计年鉴。

3. 为高效率和高附加值的新产业腾挪环境和资源空间

尽管上海的重化工行业产能规模已大大缩减,未来上海的结构调整任务仍然任重道远。上海劳动密集型产业退出还有空间,重化工业控产能、去产能还有余地。上海的重化工业比重达到 70%以上,对照国际大都市的产业结构,上海重化工业的比重仍然偏高,有必要进一步研究上海未来 10 年重化工业结构调整目标,为效率和附加值更高的新产业腾挪环境和资源空间。

4. 产业结构优化升级正处于关键时期

2015 年,上海战略性新兴产业增加值为 3 746 亿元,尽管比上年增长

4.5%,但是仅占全市生产总值比重的15%。上海"十二五"规划确定了"战略性新兴产业增加值比2010年翻一番"的目标,实现此目标年均增速需达到15%,但实际年均增速仅为6%—7%,远未完成预期目标。当前上海新旧产业转换与产业结构优化升级正处在关键期,前期确定的战略性新兴产业发展目标,由于国际国内市场需求下滑,低水平同质竞争等原因,发展势头并不理想,无法弥补产业结构调整后形成的产能缺口。

表2.4　　　　　　　　　　上海战略性新兴产业发展情况

指标	2014年			2015年		
	增加值(亿元)	比上年增长(%)	占GDP比重(%)	增加值(亿元)	比上年增长(%)	占GDP比重(%)
战略性新兴产业	3 453.23	7.4	14.7	3 746.02	4.5	15
其中:制造业	1 613.23	6.3	6.8	1 673.49	−0.1	6.7
服务业	1 840	8.5	7.8	2 072.53	8.7	8.3

资料来源:2014年和2015年上海市国民经济和社会发展统计公报。

(二) 去库存——总量可控、空间失衡、区域分化

1. 总量可控

上海经济发展势头好,投资需求旺盛,住宅市场主要表现为供不应求。去库存的重点不是住宅地产,而是办公和商业地产,地产市场表现出很强的结构性特征。2016年4月,上海全市新房存量去化周期已不足半年,酒店式公寓去化周期已不足3个月。为抑制房地产市场非理性过热增长,上海出台了促进房地产市场平稳健康发展的"沪六条"调控措施,房地产市场出现明显降温,市场去化周期有所回升。但是,2016年底,上海郊区住宅用地拍卖,频出"地王",对房地产市场后续的拉升作用应予以重视。

2. 区域分化

区域分化是上海房地产市场的主要特征,也是潜在的风险。住宅市场方面,远郊大型居住社区空置率较高。从居住的便利度和通勤成本考虑,市区居民很少会选择在郊区居住,郊区社区的入住率明显低于市中心,一些选址较为偏远、交通条件不便的大型居住社区入住率甚至不足10%,住房空置是郊区住宅市场的普遍特征。

商务楼宇方面,中心城区与非中心城区的商务办公楼供需的两极分化问

题突出。徐汇区、静安区等市内繁华的商业地段，尽管商务楼宇租金昂贵，但是空置率一直不超过5%，而郊区县的商务楼宇即使降价出租，空置率仍然高达50%。"十三五"期间，上海还将推出一批新增商务楼宇，从区域分布来看，郊区供给比重明显高于市区，很可能进一步加剧上海商务楼宇市场的区域分化，导致市场冷热不均。

3. 空间失衡

郊区一些地方通过补贴、减税、供地等多种方式吸引企业入驻，发展高端服务业，以期置换中心城区的服务业功能，但是经济要素的空间分布有其内在的规律性。各郊区县如果不能因地制宜发展适合本区的特色产业，仍然不切实际地建商务楼宇，发展金融业就会陷入无效率的同质化竞争中，既浪费了资源，又达不到预期的效果。各郊区县应加强对产业空间布局规律的研究，纠正不切实际建商务楼宇，发展商务、金融、高端服务等行业的偏好，避免同质化竞争，因地制宜地发展适合本区的产业。

（三）去杠杆——债务率相对不高，重点在于防范金融风险

第一，债务投资流向结构与债务资产质量相对较好。分析上海地方政府的债务结构可以发现，上海市政府的融资产生的资金，重点投向于交通基础设施、市政工程建设和保障房建设。由于上海正处于人口不断流入的阶段，这些基础设施工程在建设之后，使用率较高，产生了较高的经济与社会效益，并没有空置或无效率使用，所以债务资产债务质量较好。目前，市政工程与交通基础设施建设等建设项目总体占比超过90%，而且债务对应的资产主要是变现能力强的实体资产和优质资产，资产质量好、回报率高。

第二，债务率与杠杆率相对不高，去杠杆化问题不突出。截至2015年末，上海地方政府债务余额为4 895亿元，债务率为43.5%，明显低于全国平均水平；从偿债能力看，2015年全市一般公共预算收入为5 519.5亿元，比2014年同口径增长13.3%，"十二五"期间年均增长率为12.6%[①]，表明上海现存债务是有能力清偿的，债务率与杠杆率相对不高，去杠杆化问题不突出。

第三，个人与企业负债率增长较快，关键在于防范金融风险。上海全市银行不良贷款率仅为0.91%，低于全国平均水平。但是杠杆问题不是单独的问题，与库存、产能等方面息息相关，尤其是企业、个人的负债增长迅速，在金融

---

① 数据来源：上海市2015年预算执行情况和2016年预算草案的报告。

和房地产等领域表现突出。2016年10月,"沪六条"规定对房地产企业和房贷进行严格控制,以降低金融风险,控制房地产企业与居民的杠杆率。由市规划国土资源局、市金融办和金融监管机构等部门组成的商品住房用地交易资金来源监管联合工作小组,开展土地交易资金监管工作。

去杠杆是防范金融风险的有力举措,上海应该结合自身的财力状况,把债务风险控制到最低。同时也要注意用好资金杠杆,在城市基础设施、环境、民生等短板领域加大资金投入力度,为上海城市新一轮的发展提供有力支撑。推进国际金融中心建设是上海的长期发展目标,利用去杠杆的有利时机,控制金融风险,挤出资产泡沫,大力发展多层次的资本和金融市场,为上海和全国的经济创新转型升级当好融资者的角色。

(四) 降成本——塑造法治化与便利化的国际化大都市营商环境

企业是市场供给的主体,尤其中小企业是创新创业的主力军。在一线大城市,面临着越来越高的地价、持续攀升的融资成本和劳动力成本不断上升的压力,许多企业利润率下降,不得不向二三线城市转移。供给侧结构性改革要激发市场主体的活力,必须切实帮助企业降低各类成本。

(1) 重在营造营商环境。上海大型国有企业众多,银行信贷资金多向大型国有企业集中,挤占了中小企业的信贷资源。中小企业受资产和规模的限制,一般较难符合银行贷款的要求,只能通过民间融资渠道进行融资,长期面临融资难、融资贵的困境;同时,上海的商务和用工成本较高,主要表现在办公成本高、土地成本高,企业的社会保障负担较重。

(2) 交易性成本急需降低。制度性交易成本是指企业因遵循政府制定的各种法律、法规、政策等需要付出的成本。上海的知识产权保护落实不到位、行政审批手续不够简化导致企业的制度性交易成本升高。

(3) 其他降费方面仍有空间。高税费是导致企业生存空间受挤压的主要原因,也是制约新企业成长和企业创新的不利因素。我国的非税收费包括专项收费、行政事业性收费、罚没收入、国有资源(资产)有偿使用收费等多种类型。上海有64项行政事业性收费项目都涉及不同领域、不同规模的企业,占全部行政事业性收费项目的50%以上,无论是对于市场规模大、利润率高的企业还是对中小微企业和创新型企业来说,税费负担都非常重。降成本最重要的任务就是政府减税减费,让企业获得更大的发展空间。

(五) 补短板——提高公共服务事业的质量与水平，创新社会治理方式

补短板是上海在供给侧结构性改革中需要重点解决的问题，只有补好短板，才能使上海经济社会发展的优势得到更好的发挥，才能带来持续增长的动力。目前，上海在基础设施、生态环境、社会事业等领域存在着短板，而这些短板又与背后的布局、管理、机制、体制等息息相关。

(1) 城市基层与公共治理水平亟待提高。上海的综合交通运营管理存在"短板"。一是道路拥堵严重，快速路区段、交叉路口常发生拥堵；二是轨道交通高峰时期拥挤严重，包括1号线和2号线在内的10条轨道交通线路在高峰时段经常处于超负荷运行的状态；三是地面公交高峰时段平均运营时速低于每小时12公里，换乘等待时间长，乘客满意度低；四是路网局部连通性不高，"断头路"还没有全部打通；五是交通运营秩序不佳，中心城区存在多个秩序易乱的交通集散点，交通违法行为高发。

(2) 中心城区与郊区发展不平衡。随着上海城市化进程的推进，城乡差距逐步凸显。2015年，上海城镇常住居民人均可支配收入52 962元，农村常住居民人均可支配收入23 205元，农村常住居民收入约为城市常住居民收入的44%。城乡公共服务差距大，中心城区小学的年实际生均公用经费投入是郊区县的1.6倍，每千人执业医师数是郊区县的1.5倍，城乡居民在收入水平和公共资源配置上的差距非常大。

(3) 重点关注"五违四必"环境整治。近年来，上海市某些区域违法经营户增多，无证无照餐饮店充斥周边，违法经营人员的大量聚集造成扒窃、偷盗、诈骗甚至抢夺案件频发，不仅食品安全卫生令人担忧，而且使邻近居民饱受环境污染之苦。2016年1月至8月，上海共拆除违法无证建筑3 776万平方米，是2015年拆违总量的2.7倍，超过年初预期的3 300万平方米的目标[①]。"五违四必"整治和郊区小河道治理是近期上海区域环境治理的重点。

上海在城乡一体化发展、城市环境整治等方面均存在明显的短板，这些短板的产生固然有硬件设施方面的问题，应当看到它们与上海城市发展背后的布局、管理、体制、机制息息相关。长期以来，上海的政策发展偏重于城市，部分公共事业由国有企业垄断经营，市场竞争不充分，运营效率低下，这才是短板产生的主要原因。

---

① 韩正.上海举行补短板现场会——五违四必攻坚战要打出精气神[N].新民晚报,2016-09-28.

四、上海推进"三去一降一补"的对策建议

上海从建设"四个中心"到规划全球城市,一直循着以创新带动转型,以产业能级带动经济增长的路径。未来更要利用好开发开放的先动优势,加强国际合作,增强高端供给能力。上海应当充分利用自由贸易试验区的有利条件,紧密结合经济转型升级的要求,充分发挥制度创新和科技创新资源集聚的优势。以制度创新为核心,以科技创新为引领,以产业结构升级为主攻方向,着力推进供给侧结构性改革,更好地服务长三角、服务全国。

(一)立足上海实际,明确推进的重点和原则

(1)紧密结合上海全面深化改革的实际。要紧紧围绕提升供给体系的质量和效率,全面深化改革,紧密结合上海建设自由贸易试验区、建设具有全球影响力的科技创新中心的国家战略以及经济转型升级的根本要求,以制度创新为核心,以科技创新为引领,以结构调整为主攻方向,以降低企业成本和补齐薄弱环节短板为重点任务,坚定不移、有力有效推进供给侧结构性改革。

(2)抓住重点"补短板"。短板领域掣肘了上海当前的发展,但是如果短板补得好,将是未来最有发展潜力的领域,也是供给侧结构性改革与需求侧调控的有效结合点。上海应进一步加大对城市公共服务、社会事业和三农发展的投资力度,以长补短、以强补弱。以提高居民的生活质量和城市品质为目标,带动经济社会持续健康发展。

(3)放眼全球谋划布局。上海独特的功能定位决定了供给侧改革应置于全球视野中进行谋划。从建设"四个中心"和全球城市的目标出发,发挥开放优势,通过引进跨国公司总部,汇集全球高端资源,增强全球资源配置能力,不断提升产业能级和竞争力,以高端供给满足全国和全球需要。

(二)做好产业转移、结构升级与要素成本下降的工作

1. 经济增长方式方面

经济增长来源于产业发展的推动,产业发展需要产业结构的高级化和核心竞争力。通过创新推动产业结构调整和升级,切实提高产业质量和效益是上海的主攻方向。要切实改变过去主要依靠要素投入驱动增长的粗放发展模式,实现控人增效、减地增效;同时,着力发展高端服务业、先进制造等高附加

值产业,把经济增长真正转到创新驱动的轨道上来,实现超大城市"有底线的持续增长"。

2. 要素成本降低方面

目前政府与市场职能划分尚不清晰,部门职能转变还不到位,对市场准入限制多、审批手续繁琐等问题仍然存在。降低要素成本,首先应从加快政府职能划分和职能转变入手,深化行政审批制度改革,为企业降低制度性交易成本;通过财政、税收等多部门的协调联动,建立有利于企业和市场发展的税费调整方案,多渠道减税降费,切实帮助企业减轻税费负担。

3. 综合环境整治方面

通过综合整治和修复生态环境以及工业用地减量化,加快清理劣势产能,尤其对于污染严重的"三高一低"企业,加快行业、整区域的关停退出。"十二五"期间,上海已经实现平板玻璃、电解铝、铁合金等部分"三高一低"领域的全行业退出,但仍有不少相关行业和企业有待退出和调整,这些企业生产能力不强、环境污染严重,应该综合运用经济和法律等多种手段加快其退出市场。

4. 产业结构调整方面

首先,控制重化工业产能,为高效率高附加值的产业腾挪资源和空间。尽管上海的重化工业产能已大大缩减,但是重化工业产值占规模以上产值的比重仍然达到70%以上。对照全球城市的产业结构,上海重化工业的比重仍然偏高。未来上海产业结构调整的任务仍然艰巨,应有更超前的谋划和动作。

其次,加快转移改造传统制造业。"十二五"期间,上海已经实现平板玻璃、电解铝、铁合金等部分"三高一低"领域的全行业退出,但仍有不少相关行业和企业有待退出和调整,对于产出效率不高、资源消耗大、环境污染严重的企业,应在加强规划的同时,运用经济和法律等手段加快其退出步伐,为产出效率高、环境污染小的企业腾挪空间。对于有发展前景的制造业,应以技术改造为抓手,通过商业模式创新,不断突破自身发展瓶颈,寻求新的市场空间。

最后,着力发展高端服务业、先进制造业,避免产业空心化。上海未来的城市发展必须坚持人口、土地、环境、安全"四条底线",这既是供给侧结构性改革的基本要求,也是上海城市发展迈入更高能级的保证。积极谋划一批符合产业升级趋势、对经济贡献大、带动力强的高端服务业、先进制造业和战略性新兴产业,把经济增长真正转到创新驱动的轨道上来。通过简化项目审批流程,保障要素供给,使重点项目早日落地,尽快得以发展。鼓励具有比较优势的制造业企业利用互联网和数字技术,建设智能车间和智能工厂,发展数据制造、高端制造和绿色制造等创新的生产模式。

(三) 简政放权、放管结合、优化服务上下功夫

以制度创新为核心,把全面深化改革作为出发点和落脚点,着力构建开放型经济新体制。开放是上海最大的优势,也是推动上海进行制度提升的重要途径,制度的改革与优化是市场繁荣的基础。上海要通过开放,学习世界先进城市的发展经验,建立与全球相衔接、与市场经济相适应的制度规范,巩固和创造开放型经济的新优势。

深入推进供给侧结构性改革关键是处理好政府和市场的关系,将转变政府职能,推动市场有序有效发展作为改革的突破口。保证宏观政策稳健、微观政策灵活,在简政放权、放管结合、优化服务上下更大功夫。着力纠正政府缺位、越位和错位问题,使企业摆脱对政府的依赖,走向市场。

1. 进一步放松政府管制,激发市场主体活力

通过打造政府综合服务平台,为企业提供政策、信息、法律等方面的服务,为扩大就业、培育新动能、壮大新经济拓展更大的发展空间。对高新技术企业和科技型中小企业转化科技成果,给予个人股权奖励,征税递延至取得股权分红或转让股权时缴纳。

2. 政府履行好市场监管职责,为市场保驾护航

政府只有管得好,才能放得好。政府做好"抓手"工作,就是要求在放松事前审批管制的同时,建立社会信用体系,捕捉所有市场主体多方面的信用信息;充分发挥行业协会和社会组织的自律作用和自治能力,同时吸引社会公众参与,形成综合化的市场监管体系,及时有效清除市场中违法违规经营的市场主体。

(1) 推进政府监管体制改革,加快构建全方位的市场监管体系。在全市工商系统实施综合监管随机抽查制度,做到"一次出动、综合检查",并与信用监管、智能监管联动。借助互联网和大数据等信息采集和处理技术,将企业的经营和信用信息分类入库,及时向市场发布诚信企业名单和黑名单。

(2) 积极探索适合新技术、新产业、新业态、新模式发展的监管方式。对于"互联网+"和分享经济等新业态,量身定制监管模式;对于新型商业模式和新业态,严格加强监管;对以创新之名行非法之实的,坚决予以打击。

(3) 全面落实事中事后监管工作方案。认真贯彻执行 133 个本市相关行业、领域、市场事中事后监管工作方案。各区县对照市级工作方案清单的具体

内容,制定本行政区域内相关行业、领域、市场事中事后监管工作方案,抓好落实,相关行业主管部门加强指导,认真把关。

(四) 用足用好自贸试验区平台,促进相关制度创新

2016年是上海自贸区建设的第三年,上海不但要总结自贸区发展的实践经验,更要进一步推动制度创新。通过深化改革,积极回应市场主体的需求。消除抑制市场主体发展的体制约束,释放市场主体活力,以增量带动存量,提高市场供给的质量和效率。

(1) 进一步扩大开放效应,引领制度创新。在现有的制度框架下,加快构建开放型经济新体制,适应国际投资贸易规则的新变化。进一步与"一带一路"、"长江三角洲城市群发展规划"等国家级发展战略形成联动,加快推进高端服务业和文化产业在上海自贸区的开放与发展。用好自贸试验区平台,推进国际金融中心建设,积极拓展离岸保险、证券、基金等离岸金融业务。

(2) 以浦东新区政府职能转变为突破口,加快政府职能转变。通过"简政放权、放管结合、优化服务"推进政府流程再造,使上海的投资和商业环境更加优化,贸易更加便利化。建立更加透明开放的市场准入制度,破除限制新技术、新产品、新模式、新业态发展的准入限制,使各类企业在新的技术规范和标准体系下,能够实现更高效率的营运。通过全面推行负面清单、权力清单和责任清单制度,使自贸区的权责清单制度与国际贸易投资新规则逐步对接,进一步划定政府与市场、企业、社会之间的权责边界,形成权责清单动态调整和长效管理机制,为高标准的国际经贸谈判提供制度支持,适应全球化发展的形势。

(3) 进一步创新市场主体的监管方式,推动市场监管信息的共享。充分利用大数据、云计算、物联网等现代信息技术,构建以企业诚信为评价内容的监管体制。通过构建企业信用信息公示系统和风险监测预警系统,全面客观地评价企业的经营状况,并将评价信息及时向社会公布。通过建立监管部门信息共享机制,实现监管信息互联互通,为构建有效的市场风险预警体系和协同监管体系,实现事中事后综合监管提供保证。

(4) 促进自贸区和科创中心联动发展。自贸区与科创中心的建设在推动上海提高城市能级,实现创新驱动转型发展方面互为补益,互为推进。作为上海发展的两个重要抓手,必须利用好自贸区和科创中心两个有利条件,促进制度创新和科技创新的深度融合,促进新技术、新产业、新模式、新业态不断涌现,在生物医药、智能制造、新能源汽车等领域尽快取得突破。坚持对标国际、面向全球,利用自贸区和科创中心的叠加优势,汇聚全球资源和智慧,使上海成为创新资源的集聚地和全球技术、产品、标准、品牌的输出地,从国际标准规则的追随者转变为制定者。充分利用自贸区的制度优势、开放优势和国际化平台,依托科创中心的资源和产业集群优势,以改革开放释放创新活力,积极参与国际科技竞争,抢占科技创新的制高点。

(五)加快全球科技创新中心建设

1. 打造重大科技创新平台

把提升科技创新能力放在首要位置,以科技创新为引领,着力培育经济发展新动能。经济新旧动能的转换根本在于创新,上海要深入实施创新驱动发展战略,加快建设具有全球影响力的科技创新中心,激发供给侧活力。要积极鼓励研发和创新资源整合,优化劳动力、资本、技术、土地等要素配置,大力推进生产创新和管理创新,实现经济增长动能转换,塑造依靠创新驱动的经济发展模式。

上海在重大基础科研方面存在不足,应重点加强基础科学研发领域。鼓励企业与科研院所、高校等不同类型的科研主体建立联合研发组,在基础研究领域开展合作。着力打造一批发展前景好、科技创新要素集聚的基础科技创新孵化基地和具有国际领先水平的综合性科学研究试验基地。同时,瞄准世界科技前沿和顶尖水平,打造高度集聚的重大科技基础设施集群,汇聚全球一流科研机构和团队,在创新生态培育、科研制度改革等方面率先探索,为全国提供基础科技和跨领域协同创新供给。

2. 充分发挥张江国家自主创新示范区统筹协调作用,探索建立上海市各产业园区合作交流机制,更好地促进项目落地和产业布局优化

聚焦张江国家自主创新示范区,加快建成具有创新引领能力的综合性国家科学中心,打造开放包容、创新主体高度集聚、创新要素自由流动、创新成果国际领先的科技环境,培育新的经济增长点。通过全面创新改革试验区,创新政府科技管理方式,推动研发管理向创新服务转变。在高端制造、生物医药、新材料、新能源等领域,鼓励行业内的龙头企业牵头创建行业研发平台,鼓励行业内外共同参与创新合作。进一步推进开放型创新服务平台,形成创新合力,解决科技成果产业化和市场化难题。在科技信息服务、科技金融服务、科技孵化器等领域,更多依靠市场力量,大力支持相关服务企业转型为平台服务

企业,促进平台经营和管理的规范化。在航空发动机、高端芯片、人工智能等领域促进一批重大科技项目平台落地。鼓励跨国公司研发中心、行业龙头企业和社会资本共同参与,推动平台向开放型、应用型发展。

3. 建立激发市场主体创新活力的人才管理制度和收益分配制度

大幅提高科技成果转化收益中科研人才收益的比例,探索完善股权激励机制和配套税收制度。在人才政策方面,加大优秀人才引进力度。率先开展人才政策突破和体制机制创新,集聚一批站在行业科技前沿、具有国际视野和成果转化能力的领军人才,加快建设国家级人才改革试验区,打造具有全球影响力的国际人才港。通过建立技术产权交易所,形成全方位、多层次的科技创新中介服务体系,促进产学研交流、互动、协作和科技创新成果转化,开创科技创新与产业转型升级协同发展的局面。加强国际化知识产权登记、应用和交易平台建设,对企业自主创新产品进行认定、登记和颁证,为企业自主创新产品提供产权保护。探索知识产权资本化,推动知识产权跨境交易,提高知识产权专业化服务能力。

4. 进一步通过政策引导和市场资源配置作用,挖掘国企、民企、外企在科技创新中的作用,使各类企业成为真正的科技创新主体

促进国企的生产与研发,通过逐步调整国企的功能定位,使其向科技创新平台转变。通过引入市场机制,在一些关键性和基础性领域,发挥国企创新服务、创新引领和需求带动作用,使国企成为行业创新发展的助推力量。高度重视和发挥民营企业的创新活力,通过政策引导将政府和国企的创新资源向民营企业和民营资本开放,使其成为科技创新、新技术产业化和市场化的引领者和主力军。鼓励外资研发中心与国内企业、科研院所和高校共同建立研发服务平台,重点实验室和人才培养基地,加大对科技前沿领域的技术引进力度和技术消化能力,促进科技创新的合作与二次开发,联合开展核心技术攻关,使研发服务平台产生更多的技术溢出效应。

5. 进一步推进大众创业、万众创新

通过各种措施激发企业家创新创业的热情,促进众创、众包、众筹等创新模式和创新业态的发展,打造专业化、市场化的众创空间。探索金融服务科技创新的新模式,建立市场导向的科技成果转化机制。在培育领军型创新企业的同时,下大力气支持科技型中小企业的发展。积极开放政府资源,促进创新资源共享,加强高校、科研机构、科技服务机构与中小企业研发团队的交流、互动与协作,形成一批具有影响力、协同创新能力的科创机构,发挥中小企业创

新创业主力军的作用。

6. 建设全面创新改革试验区

通过建立技术产权交易所,形成全方位、多层次的科技创新中介服务体系,促进产学研交流、互动、协作和科技创新成果转化,开创科技创新与产业转型升级协同发展的局面。加强国际化知识产权登记、应用和交易平台建设,对企业自主创新产品进行认定、登记和颁证,为企业自主创新产品提供产权保护。探索知识产权资本化,推动知识产权跨境交易,提高知识产权专业化服务能力。

(六) 创新社会治理,提高公共服务水平

补短板是提升上海城市品质和发展内涵的重要环节。补好发展的短板,是供给侧改革与需求侧管理的有效结合点。上海应以补短板为核心,将补短板与增加民生投入,促进城乡一体化发展,优化城市发展环境,提高公共服务质量等目标相结合,增强发展的可持续性。

(1) 进一步推进城乡一体化建设。加大城乡基本公共服务投入力度,形成城乡均等化的公共服务体系。通过完善教育经费投入保障机制,在教育硬件设施、学校信息化建设和教师队伍配置等方面实现城乡统一,推进城乡基础教育均衡发展。加大农村公共卫生服务投入力度,建立城乡全覆盖、统一标准的卫生服务网络。进一步构建城乡统一的劳动力市场,实施就业创业鼓励政策,为农村转移劳动力和城乡就业困难人员提供职业技能培训和就业指导。深化农村集体经济组织产权制度改革,确保产权归属清晰、权责明确、保护严格、流转规范,调动农民从事农业生产的积极性。大力培养新型农民,鼓励、支持和引导农民运用现代科技和互联网技术,发展现代农业。加强对农村生态环境的综合治理,在保证城市农产品供给的基础上,努力培育生态农业和旅游农业,提升农业的经济效益和社会效益。

(2) 加强城市环境综合治理。上海人口聚集,中心城区开发强度大,环境脆弱。要全面加强环境综合整治,做到区域联动和统筹协调。全面摸排无证建筑,逐一到户,锁定重点治理区域。进一步整治存量违法建筑、违法用地,消除规模性违法群租和重点区域内的违法排污,确保新增违法建筑零增长,新增违法用地零增长。综合运用规划、工商、消防、安全、治安、环境等方面的法律法规,开展联动执法,针对各区域的实际情况,制定出台具有可操作性的政策,建立长效管理机制,不断巩固环境治理效果。

(3) 开展道路交通违法行为整治,改善交通出行环境。加强城市综合交通运营管理,建立常态长效机制,实现科学执法,从严执法和规范执法,切实消除交通安全隐患。加快公交和轨道交通骨干道路和次支路建设,深化交通需求调控,强化交通精细化管理和属地责任。科学推进交通拥堵综合治理,提高交通管理服务质量。借鉴国内外先进经验,探索交通拥堵治理新模式,突出重点片区、重点路段、重点时段,优化交通拥堵解决方案,积极运用信息化手段,提高交通执法效率,提升城市交通品质。

第三篇　上海降低制度性交易成本之简政放权研究

2016年8月8日,国务院印发《降低实体经济企业成本工作方案》的通知(国发〔2016〕48号)中提到,经过1—2年的努力,降低实体经济企业成本的工作取得初步成效,3年左右使得实体经济企业的综合成本合理下降,盈利能力明显增强,主要包括合理降低税费负担,有效降低企业的融资成本,着力降低制度性交易成本,合理降低企业的人工成本、用能和用地成本及物流成本。国务院减轻企业负担部际联席会议启动2017年全国减轻企业负担专项督查,督查内容包括:开展降成本减负担工作情况及成效,涉企保证金清理规范工作情况,清理规范涉企经营服务性收费情况,整治涉企乱收费、乱摊派等违规行为情况,服务企业机制建设情况等。

上海始终遵循"高度透明、高效服务,少审批、少收费,尊重市场规律、尊重群众创造"的原则,紧紧围绕"放管服",通过采取简政放权、放管结合、加强事中事后的监督、市场准入负面清单等一系列措施,优化服务改革,全面推进政府效能建设,完善市场在资源配置中起决定性作用的体制机制,从而建立公平竞争的市场环境建设,优化市场环境,为本市经济社会发展营造良好的营商环境和市场环境,为增强城市吸引力、创造力、竞争力提供重要保障。

一、简政放权与降低制度性交易成本

(一) 简政放权与降低制度性交易成本的关系

降低制度性交易成本是简政放权改革要解决的重要问题。作为宏观调控的关键性工具,"放管服"改革的深入推进,既为企业"松了绑",为群众"解了绊",为市场"腾了位",也为廉政"强了身",极大地激发了市场活力,有力地推动了供给侧结构性改革,而"降低制度性交易成本"作为"降成本"中的重要环节,是简政放权改革要解决的重要问题。

降制度性交易成本的关键步骤在于简政放权。制度性交易成本被认为是影响企业运行成本和效率的重要内容。北京大学国家发展研究院教授周其仁认为,中国经济能成功跻身世界前列的真正秘密,就是通过改革开放,系统、大规模地降低了体制成本。他表示,系统性地降低制度性交易成本是渡过难关、争取中国经济更好未来的关键所在。而简政放权正是用政府减权限权和监管改革,换来市场活力和社会创造力释放。

(二)通过简政放权来降低制度性交易成本的价值和意义

降成本主要是降低制度性交易成本,与实体经济企业的原材料成本、人工成本、物流成本、用能成本等相比,制度性交易成本占比较小。对实体经济企业而言,降低制度性交易成本,得到的直接经济回报并不显著。但是,降低企业制度性交易成本,能够减少政府对企业经营的干预,有效地激发企业活力,增强企业创新能力和竞争力,提高供给质量与效率,改善供给结构。

从短期看,自上而下地推行行政审批制度改革、简政放权,可以明显降低制度性交易成本,但是政府职能必须随着审批事项的精简不断转变,如规制能力不断提升,规制水平不断增强,规制权力不断优化。从长期看,降低制度性交易成本,不是调控问题,而是治理层面的问题。因此,应避免短期行为长期化。有效降低制度性交易成本,要靠政府科学厘清权力边界,真正转变职能,改革机构,政府由"全能政府"向"有限政府"蜕变,真正实现政府的"瘦身"。

二、上海的举措以及成效

从当前情况下看,上海简政放权改革产生了良好的效果。上海着力降低门槛放松规则,深入推进简政放权,减少对市场不必要的干预。紧紧围绕激发市场活力和社会创造力,打好简政放权"组合拳",协调推进相关领域改革,放大改革综合效应,增强企业和群众认同感。

2018年上海《政府工作报告》中提到,上海政府职能转变取得新突破。率先开展证照分离改革试点,取消调整行政审批事项1854项、评估评审事项341项。全面实施当场办结、提前服务、当年落地"三个一批"改革。政府定价项目从108项减少到53项。292家审批相关的中介服务机构与政府部门脱钩,611家行业协会、商会与行政机关脱钩。市、区两级综合监管平台开通,分行业监管方案全面实施,综合监管为基础、专业监管为支撑的事中事后监管体系初步建立。"12345"市民服务热线开通运行,电子政务云加快建设。静安区、闸北区"撤二建一"和崇明撤县设区顺利完成。

(一) 大力精简了行政审批项目

(1) 减少行政审批事项和收费。2013年以来,取消调整行政审批事项1854项、评估评审事项341项。强力推进评估评审"红顶中介"与政府部门脱钩改制;取消行政事业性收费等逾200项,每年减轻企业和社会负担约65亿元;取消和调整各类证明145项。

(2) 以制度化、规范化进一步巩固改革成果。在减少行政审批事项和收费的同时,上海先后制定出台《上海市行政审批申请接收管理办法》《上海市行政审批批后监督检查管理办法》等10多部规范性文件,进一步巩固改革成果。如2017年9月,上海正式出台《上海市当场办结,提前服务,当年落地"三个一批"改革实施方案》,新政推出不足一月,改革成效显现。市级层面"当场办结一批"改革已有329项事项实施当场办结,"提前服务一批"改革已确定首批19项事项,"当年落地一批"改革已明确今年首批897个项目列入当年开工开业计划、835个项目列入当年竣工验收计划。

(3) 通过以上一系列政策措施的实行,上海行政收费占比降低。2016年,上海企业综合减负500亿元,上海企业的行政收费占比为12.2%,在全国处于末位。税费涉及国项国标、地项地标、国项地标等,上海在有限的地项或地标空间内,努力落实降低企业成本的任务要求,坚持多措并举,实施政策组合拳,通过制度创新,降低企业成本,并形成政策叠加效应。

(二) 积极推进商事制度改革

1. 率先从"三证合一"转变为"五证合一"

为降低创业准入的制度性成本,2016年10月8日,上海颁出"五证合一"后首批加载有统一社会信用代码的营业执照,成为全国最早实现全部市场主体"五证合一"登记制度的省市,而"五证合一"前已办理"三证合一"的企业,更无需再申请,所有数据共享转换都由政府部门在后台完成。以统一社会信用代码为基础,建立了统一的信息标准,通过部门间信息互联互通,实现了企业基础信息的高效采集、有效归集和充分运用。

2. 从"五证合一"跨入"多证合一"新阶段

2017年11月21日,上海在落实"放管服"改革上又迈出一大步,沪上首批企业从工商部门拿到了整合有报关、报检单位信息的营业执照,标志着上海企业登记从"五证合一"跨入"多证合一"新阶段,将企业登记信息同步推送到海关和国检业务系统,上海在全国范围内首次实现了与中央单位业务系统的数据对接。"多证合一"将使对外贸易企业获益巨大,现在只要拿到营业执照,后续的商检、海关手续可以通过网上查询,企业无需上门申请即可完成业务办理。

3. "一证走天下",深水区闸门打开,市场之水气势如虹

上海新设市场主体增长迅速。根据上海工商管理局公布的数据,截至2017年9月,上海累计注册登记各类市场主体228.39万户,其中企业数达183.1万户,较年初增加16.95万户。从2017年前三个季度的情况来看,累计注册登记企业数较去年同期保持正增长,增速分别为10.19%、19.09%、15.89%。就9月份新增数据而言,上海市共新设各类市场主体3.2万户,同比增长10.35%,其中企业2.61万户,增长3.8%,新设市场主体注册资本(金)总量达1388.51亿元。可见五证合一后,提高了部门办公效率,加快了企业的注册速度,目前外资企业累计注册登记8.32万户,同比增长5.3%,多证合一后有望继续加快。

图3.1 上海累计注册登记企业数

注:2016Q1表示2016年一季度,以此类推。

上海人均新注册企业数全国领先。据国家发改委近期发布的《2016年中国大众创业万众创新发展报告》,2016年上海每82个人就新注册了一个企业,北京是每98人新注册一个企业,广东这一数据是139人。2016年全国平均数

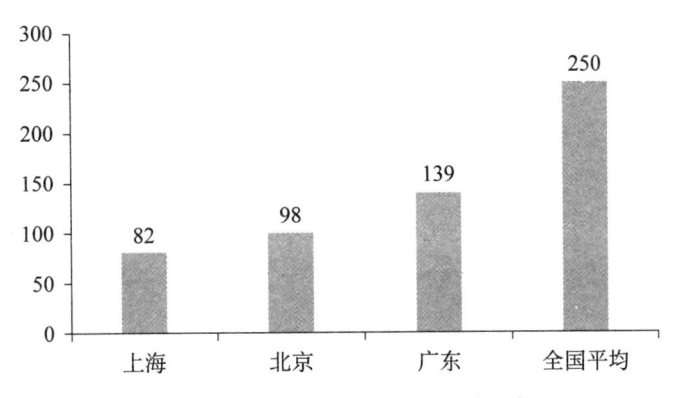

图 3.2 部分地区人数均新注册企业数

是每 250 人新注册一个企业,上海远远走在全国前列。

(三) 积极推进"证照分离"改革试点

(1) 在全国率先开展"证照分离"改革试点。2014 年,中央决定在上海自贸区实施"证照分离"改革试点。作为商事制度改革的一项重大举措,上海从基础性制度创新入手加以推进,下力气破除阻碍创新发展的"堵点",影响干事创业的"痛点"和监管服务的"盲点"。在全国率先开展"证照分离"改革试点,率先完成行政审批评估评审清理,已累计取消评估评审 185 项,优化简化 86 项。上海浦东新区 2017 年 11 月发布"证照分离"改革试点深化实施方案,并启动新区"企业开业地图"。"证照分离"改革试点实施一年多来,新区企业办证难问题得到缓解,市场主体活力有效激发,政府职能加快转变。

(2) 发布的改革试点深化实施方案突出了全面覆盖。将所有涉及企业市场准入的审批事项,全部纳入改革范围;突出了优化方式,备案注重当场办结,告知承诺注重创新方式,优化准入注重审管结合;突出了改革重点,聚焦与浦东经济发展关联度较高、企业关注度较高的事项,以取消审批和告知承诺为主要方式;突出了系统集成,强化改革联动,与商事制度改革、事中事后监管体系建设和"互联网+政务服务"体系建设联动。

(四) 税费负担合理降低

1. 持续深入推进"营改增"及减税政策

上海市税务部门持续深入推进"营改增",推动"增值税税率减并"政策落地,落实国务院六项减税政策、小微企业税收优惠和科技型中小企业研发费用加计扣除等税收优惠政策,减税红利积聚的动能逐步释放,为上海经济发展带来的增能效应逐渐显现。"营改增"后企业税负降低、抵扣链条打通,上海经济产业发展和企业转型实现"双升级"。2017年5月,上海营改增试点范围扩大到建筑业、房地产业、金融业和生活服务业,涉及纳税人37.8万户。至2016年9月,四大行业累计减负超过100亿元,原增值税行业因抵扣链条的完善减负超过150亿元。2017年1—9月,上海"营改增"试点纳税人近80万户,试点企业包括下游企业累计减税超过800亿元。2017年1—9月,上海共有17.4万户小微企业享受企业所得税税收减免超过20亿元;3 000多家高新技术企业、技术先进型服务企业、软件产业和集成电路企业享受企业所得税税收减免合计140多亿元。这些减税政策的落实,进一步优化了税收环境,对上海经济新动能成长、就业扩大和产业结构升级释放出了巨大红利。

2. 调整上海社保缴费比例和基数

2016年3月21日,上海市政府再次调整上海社保缴费比例和基数,此次调整后,上海市社保总费率下降2.5个百分点,为企业减负135亿元。2017年度上海职工社会保险缴费基数上、下限为19 512元和3 902元,医疗保险单位费率下调0.5个百分点,即从10%调为9.5%,失业保险单位费率下调0.5个百分点,即从1%调为0.5%,为企业减少了很大的成本。为进一步降低企业负担,上海从2017年4月1日起,通过减税、降低社保费率等6方面措施降低企业成本,年减税费预计将超过400亿元。降费领域包括全面实施国家各项减税政策,减免或取消部分政府性基金,取消或停征部分涉企行政事业性收费,继续适当降低社保缴费比例,降低企业能源成本和制度性交易成本。

(五) 大力清理、规范收费项目,率先开展了行政审批中介服务清理改革

1. 规范涉企收费行为

为提高涉企收费政策的透明度,规范涉企收费行为,加强社会监督,根据国家要求和《上海市定价目录》,上海先后出台了《上海市政府定价的涉企经营服务收费目录清单》、《上海市政府定价的涉企行政审批前置服务收费目录清单》、《关于清理规范市直部门(单位)行政审批中介服务收费项目的通知》等一系列政策。

2. 率先开展了行政审批中介服务清理改革,有些改革举措已被国家有关部委直接采纳并在全国推行

2015年,公布市级42项行政审批中介服务收费事项。2016年对市级行

政审批中介服务收费事项进行了全面梳理和调整,共涉及9个部门的14项中介服务收费项目。截至2018年1月底,292家审批相关的中介服务机构与政府部门脱钩,611家行业协会、商会与行政机关脱钩。

在浦东新区进行工商登记注册的因私出入境中介机构,从改革前的10家增长到227家。在以国民经济行业分类为依据编制外商投资重点行业和事项清单的基础上,对清单以外领域的企业设立事项,从2014年起全面实行"告知承诺+格式审批"的审批管理模式,推进外商投资监管由重"事前审批"向重"事中事后监管"转变,新设企业申请材料由十几份减少到3至6份,办理时间由20个工作日缩减至3个工作日左右。

(六) 进一步简化了企业投资项目核准程序

(1) 通过在线平台简化企业投资项目核准程序。为了规范政府对企业投资项目的核准和备案行为,加快转变政府的投资管理职能,做好企业投资项目管理,上海发改委发布了《上海市发展改革委关于做好企业投资项目管理的通知》(沪发改规范〔2017〕4号)。要求统一使用在线平台生成项目代码,除涉及国家秘密的项目外,项目核准、备案通过投资项目在线审批监管平台上海分平台(以下简称"在线平台")办理。核准机关、备案机关以及其他有关部门统一使用在线平台生成的项目代码办理相关手续。项目核准机关、备案机关以及依法对项目负有监督管理职责的其他有关部门应当建立项目信息共享机制,通过在线平台实现互通共享,简化了企业投资项目核准程序。

(2) 公布当场办结事项目录。为简化办事流程,让群众和企业办事切实感受到便利,上海市工商行政管理局已公布当场办结事项目录(第一批),包括公司股权出质登记、预先核准企业名称延期、外商投资的公司主要成员(董事、监事、经理)备案等事项均当场作出决定并送达相关文书,严禁以当场办结为由收取"加急费""服务费"等各种费用。

(七) 推进上海自贸区金融改革和国际金融中心建设等金融改革

围绕上海自贸区金融改革和国际金融中心建设这两项中心工作,上海建立了以简政放权、负面清单管理为核心的金融改革新框架。人民银行上海总部和上海市政府各金融监管部先后出台了"金改51条"、"金改40条"及25项落地实施细则,以简政放权和探索实施负面清单管理为核心,加大市场化改革力度,取消了一系列行政审批,被保留的行政审批大幅简化了程序。探索符合创新企业特征的利率定价模式,减少企业融资成本,满足小微企业融资需求。项目的风险与收益不匹配和不确定是造成创新企业利率定价难的主要原因。人民银行上海总部率先创新了计息方式,突破了商业银行仅以利息计算贷款收益的模式,将贷款收益与贷款项回报或企业成长收益挂钩,引导辖内商业银行根据创新企业不同发展阶段的特征,在整个贷款周期实行动态可变的利率水平。

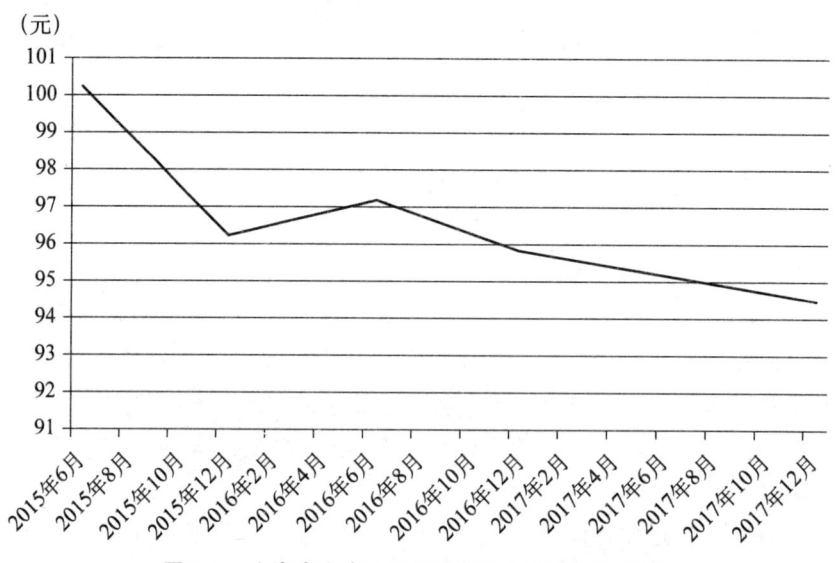

图 3.3 上海市上市公司平均每百元营业收入成本

(八)上海企业成本下降明显

(1) 从上海上市公司的角度出发,上海上市公司成本呈下降趋势。截至 2017 年 4 月底,上海共有 258 家上市公司,除去金融业上市公司与 ST 公司,我们对剩余 241 家上海上市公司进行分析,用每半年营业成本除以营业总收入,可以计算出上海上市公司平均每百元营业收入的成本,结果如图 3.3 所示。可见自从实施降成本以来,上海市上市公司的成本呈下降趋势。

(2) 从规模以上工业企业角度出发,规模以上工业企业的成本低于全国。上海市经济信息化委会同本市有关部门多措并举降低实体经济企业成本,2016 年上海规模以上工业企业每百元营业收入的成本为 79.88 元(规模以上工业企业是指年主营业务收入在 2 000 万元以上的工业企业。),同比下降

1.2%,比全国低了5.6元;规模以上工业企业实现利润总额2 633.86亿元,增长8.8%,增速同比提高5.8个百分点。

三、存在的问题

制度性交易成本是一种无形成本,是企业开展经营活动,与政府打交道所付出的时间、精力等隐形成本,其实质反映的是政府的公共服务效率。国际上,衡量制度性交易成本的一个重要标尺就是一国的"营商环境",这是一个综合评价指标,从企业的实际感受度出发,反映一国政府在企业设立、经营、纳税、投融资、权益保护等各个方面的服务效率。良好营商环境的核心是"高效、便利",体现了政府公共服务的质量,是决定城市竞争力高低的关键因素。

(一)"两会"中提出上海营商环境主要问题

针对上海将如何对标国际标准、打造一流的营商环境的问题,上海市人大常委会委员,法制工作委员会副主任林荫茂等14位代表提出了《关于开展"优化营商环境,推进上海新一轮发展"专项工作监督》的议案。2018年上海市两会中,提及上海目前营商环境的主要问题有以下几点:

(1) 创业企业普遍反映上海企业名称核准很贵、很难。经过样本调查,主要原因在于企业名称是否同义、同音、同行业依然靠人工判断,不仅给了一些黑中介生存的空间,也浪费了企业大量的时间精力。

(2) 企业注册环节存在障碍。在企业股权变更登记时,民营企业需要提供层层信息,以证明自己不是"国企"。"当前甚至还存在部分区级市场监督局拒绝受理企业依法提交的工商登记变更申请,要求其必须经注册地经济园区同意后,由经济园区代交申请材料。"

(3) 目前上海的营商氛围还存在着保国企、重外企的现象,对中小企业的重视程度不足。大多数企业都是默默无闻的,而那些初创企业更需要政府的支持和帮助,多给这些企业引导和机会,可能上海的营商环境会比过去更好。尤其要对初创的高科技企业加以重视,对一家科技创新型企业来说,配套的金融服务体系无疑能增加企业在成果转化、产业化上的成功率,也能把人才与企业紧密结合。然而,目前创投基金在上海却面临注册难、注册时间长的问题。

(二) 上海营商环境在国内城市中属前列，但仍有短板

2017年11月8日，粤港澳大湾区研究院发布了《2017年中国城市营商环境报告》，粤港澳大湾区研究院中国城市营商环境课题组，根据6大类指标，即软环境(权重25%)、市场环境(权重20%)、商务成本环境(权重15%)、基础设施环境(权重15%)、生态环境(权重15%)、社会服务环境(占10%)，来测算2017年各城市营商环境指数。虽然上海的营商环境指数、市场环境指数都名列前茅，但是软环境指数却稍稍落后，同时商务成本最高，还有很大的发展空间。

(1) 上海城市营商环境较好。报告指出，从城市营商环境来看，广州、北京、深圳、上海、重庆位居前五名，上海等一线城市营商环境优势明显，它们形成了对人才、资源、资金、技术等长期的磁石效应。这些地区经济活跃，投资创业需求旺盛，社会对开办企业便利化要求更高，对开办企业领域的便利化程度等服务方面要求更高。

(2) 上海市场环境名列前茅。从分项指标市场环境指数看，一线城市深圳、上海、北京、广州位居前四。市场环境指数通过GDP(地区生产总值)总量、人均GDP、GDP增速、进出口总额、社会消费品零售额来进行测算。对于发达地区城市而言，特别是北上广深，人均GDP已经达到发达国家和地区的水平，单靠加大投资等很难刺激经济持续快速增长，这些地区需要找到发展的新路子，同时需要尽快疏解一般产业，加快城市群建设步伐，形成对周边地区的辐射，带动经济平稳快速增长。

(3) 上海商务成本优势不大。虽然上海在营商环境的总体指标和分项指标市场环境指数均名列前茅，但是在商务成本上却不具优势。商务成本指数包括水价、电价、气价、地价、劳动力成本价格。上海、深圳、北京是商务成本全国最高的三个城市，因为水电气价格、房价、工资价格均为全国前三名。目前部分沿海一线城市绝对房价水平已经超过了世界一线城市，但是人均GDP只有世界一线城市的一半，房价收入比更是远超世界一线城市，加上雾霾、水环境等问题突出，需要尽快走出一个靠创新驱动来引领增长的路子，在提高研发强度的同时，要注意科技成果转化。

(4) 上海软环境有待提升。从软环境指数看，广州、南京、宁波、杭州、深圳位居前五名，但是上海并未在列。营商软环境指数包括开办企业、执行合同、财产登记、内外资投资增速、税负水平五个指标。广州的软环境指数排名最高，与多项指标靠前有关；比如税负水平，广州相对较低；此外，广州的开办企业、执行合同、财产登记的成本都很低,排名在全国靠前;广州执行合同耗时天数全国第二低,成本等也在全国处于比较低的水平,这些都是上海的差距所在。

(三) 上海营商环境与先进国际经济体差距较大

目前,国际上公认的评价营商环境的权威工具是世界银行每年发布的《全球营商环境报告》。报告对全球189个经济体的营商环境,从10个方面打分并进行综合排名,包括:开办企业、办理施工许可证、获得电力、登记财产、获得信贷、保护少数投资者、纳税、跨境贸易、执行合同、办理破产。而且,一个国家或地区中代表性城市的营商环境排名决定了该国的位置,对中国的排名是采集北京、上海两个样本,综合得出中国营商环境评分,其中上海权重55%,北京权重45%。因此提升上海营商环境对提高我国的营商环境整体形象和国际排名意义重大。

世界银行《2018年营商环境报告:改革以创造就业》于2017年10月31日发布,是该系列报告的第15期,报告考察自2016年6月至2017年6月期间全球190个经济体的营商环境。2018年营商便利度排名涵盖10个领域:开办企业、办理施工许可证、获得电力、登记财产、获得信贷、保护中小投资者、纳税、跨境贸易、执行合同和办理破产;劳动市场监管指标未被包括在内。在营商环境年度排名上,新西兰、新加坡和丹麦保持第一、第二和第三的位置,新西兰连续2年位列第1位(86.55),中国香港排在第5位(83.44),而中国内地排在第78位(65.29)。

从上海与其他国际大都市的比较可以看出(见表3.1),随着近年来政府深化改革,上海营商环境得到持续改善,特别是在开办企业(84.69)、获得电力(70.41)、纳税(60.59)、办理施工许可证(45.41)等方面取得明显进步,与前沿水平的距离在缩小。

但对标国际先进水平,特别是与排名首位的新西兰相比,上海仍有较大差距(见图3.4)。新西兰10个指标得分基本超过70,在获得信贷、纳税、开办企业、获得电力四项上得分均超过90,其中获得信贷为满分100。而上海在办理施工许可证(45.41)、保护少数投资者(48.33)、办理破产(55.82)、获得信贷(60)、纳税(60.59)等方面得分较低,有明显的制度性"短板"。这些是下一步政府自身改革的着力点,也是上海自贸试验区制度创新的主攻方向,具体情况是:

表 3.1 上海和部分城市营商环境主要指标比较

营商环境前沿水平距离	新西兰 2018年	较上年	新加坡 2018年	较上年	香港 2018年	较上年	纽约 2018年	较上年	东京 2018年	较上年	上海 2018年	较上年
开办企业	99.96	→	96.49	→	98.14	↑0.06	91.61	↑0.01	84.29	↑0.01	84.69	↑1.01
办理施工许可证	86.36	↑0.10	80.26	↑0.01	84.86	↑0.04	73.44	↑0.01	73.36	↑0.03	45.41	↑0.47
获得电力	83.97	↑0.01	91.33	↑0.01	99.02	→	91.23	→	90.54	→	70.41	↑0.1
登记财产	94.47	↑0.01	83.57	↑0.01	73.54	↑2.92	76.64	↓0.02	73.92	↑0.01	75.32	→
获得信贷	100	→	75	→	75	→	95	→	55	→	60	→
保护少数投资者	81.67	→	80	→	76.67	→	63.33	→	58.33	→	48.33	→
纳税	91.08	↑0.37	91.58	↑0.10	98.82	↑	83.25	↑0.01	76.72	↑0.56	60.59	↑2.39
跨境贸易	84.63	→	89.57	↑0.27	93.56	↑	92.01	→	86.53	→	71.34	↑
执行合同	71.48	↑2.77	83.61	→	69.13	↑	79.06	→	65.26	→	79.77	↑
办理破产	71.85	↑0.42	74.31	→	65.69	↑	91.07	↓0.11	93.28	↑0.12	55.82	↑

资料来源：世界银行《2018年营商环境报告》。

注："前沿水平距离"反映了《2018年营商环境报告》所包含的所有经济体在每个指标方面表现出的水平，其中 0 表示最差表现，100 表示最前沿水平。

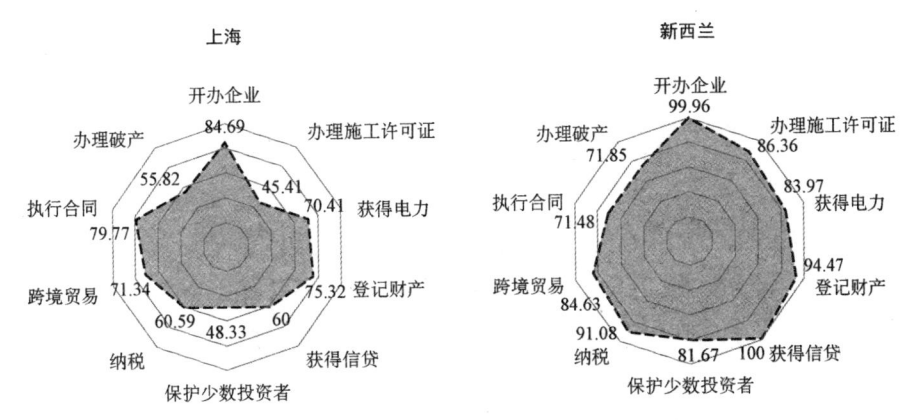

图 3.4　上海和新西兰营商环境主要指标比较

1. 办理施工许可方面的短板

在办理施工许可证方面，主要衡量建筑行业企业建设一个仓库需要办理的所有手续及各项手续所需的时间和费用。此项指标是上海与国际先进城市的差距最大的一项指标（见表3.2），中国在办理施工许可的前沿距离世界排名为第172名。主要体现在办理的程序、时间、成本和建筑质量控制的分项数值上，存在手续繁琐、效率低下、成本较高、建筑质量的控制和监管存在困难等问题。

表 3.2　分项指标各城市（组织）比较（办理施工许可）

城市（经济体）	前沿距离	程序（个）	时间（天）	成本（人均收入的%）	建筑质量控制指标（0-15）
上海	45.88	23	279	7.6	10
新加坡	80.26	10	54	6.2	12
新西兰	86.36	11	93	2.3	15
纽约	73.44	15	89	0.3	8
经合组织	75.14	12.5	154.6	1.6	11.4
东亚及太平洋地区	69.6	15.2	138.2	2.2	8.9

资料来源：世界银行《2018年营商环境报告》数据库。该项指标最近一次的数据搜集完成于2017年6月。

2. 获得信贷方面的短板

在获得信贷方面，主要通过两组数据进行评估，包括衡量担保交易中借方和贷方的合法权利以及信贷信息的上报条件。在此项指标上，上海对标国际的差距仍然较大(见表3.3),主要体现在担保和破产法中能够使贷款便利的特征不明显,通过征信服务提供商(如信贷社和信贷登记处)所提供的信贷信息的覆盖面、范围和开放程度不够。特别是公共注册处覆盖范围,上海的得分是21.4%,说明纳入征信机构系统的人数及其近五年来的借款历史信息并没有进行很好的记录。

表3.3　　分项指标各城市(组织)比较(获得信贷)

城市(经济体)	前沿距离	合法权利力度指数(0—12)	信贷信息深度指数(0—8)	信贷登记机构覆盖率(成年人百分比)	征信机构覆盖率(成年人百分比)
上海	60	4	8	95.3	21.4
新加坡	75	8	7	0	67.8
新西兰	100	12	8	0	100
纽约	95	11	8	0	100
经合组织	63.03	6	6.6	18.3	63.7
东亚及太平洋地区	57	7.2	4.2	16	22.3

资料来源:世界银行《2018年营商环境报告》数据库,该项指标最近一次数据搜集完成于2017年6月。

3. 保护少数投资者方面的短板

在保护少数投资者方面,主要衡量在利益冲突的情况下少数持股者受到的保护以及在公司治理结构中股份持有人的权利。在此项指标上,上海与国际先进城市差距依旧很大,主要体现在股东治理能力较弱、诉讼和纠纷调整的便利程度不够等问题。

表3.4　　分项指标各城市(组织)比较(保护少数投资者)

城市(经济体)	前沿距离	纠纷调解指数(0—10)	股东治理指数(0—10)
上海	48.33	5	4.7
新加坡	80	9.3	6.7
新西兰	81.67	9.3	7
纽约	63.33	8.3	4.3
经合组织	63.93	6.4	6.4
东亚及太平洋地区	52.33	5.7	4.8

资料来源:世界银行《2018年营商环境报告》数据库。该项指标最近一次的数据搜集完成于2017年6月。

4. 办理破产方面的短板

在办理破产方面,主要衡量国内企业破产程序的时间、成本、结果和回收率,以及适用于清算和重组程序的法律框架的力度。在此项指标上,上海与国际先进城市仍有明显的差距,主要体现在债权人通过重组、清算或债务执行(抵押物没收或破产)等法律行为收回债务的占比较低,诉讼成本较高,债权人的很多权益没有得到保障。

表3.5　　　　分项指标各城市(组织)比较(办理破产)

城市(经济体)	前沿距离	回收率(百分比)	时间(年)	成本(资产价值的%)	结果(0为零散销售,1为持续经营)	破产框架力度指数(0-16)
上海	55.82	36.9	1.7	22	0	11.5
新加坡	74.31	88.7	0.8	4	1	8.5
新西兰	71.85	84.2	1.3	3.5	1	8.5
纽约	91.07	82.1	1	10	1	15
经合组织	76.12	71.2	1.7	9.1		12.1
东亚及太平洋地区	40.78	35.4	2.6	20.6		7

资料来源:世界银行《2018年营商环境报告》数据库。该项指标最近一次的数据搜集完成于2017年6月。

5. 纳税方面的短板

在纳税方面,主要衡量国内企业纳税次数,准备、申报和缴纳3种主要税项和派款所需要的时间,总税率和社会缴纳费率(占利润百分比)以及报税后流程。在此项指标上,上海与国际先进城市差距极大(见表3.6),中国纳税前沿距离在世界上排第130名,是需着重改善的一项。主要体现在准备、申报和缴纳3种主要税项和派款所需要的时间漫长,税费占利润百分比高,企业负担沉重,报税后流程(增值税退税合规的时间,获得增值税退税的时间,企业所得税审计合规的时间,和完成企业所得税审核的时间)漫长。

此外,除了上述营商环境报告中提到的相关的制度性交易成本以外,在降低收费成本方面,上海也有潜力可挖。上海市非税收入种类较多,包括专项收入、行政事业性收费、罚没收入、国有资源(资产)有偿使用收入等多种类型,其中行政事业性收费收入类目中涉企收费64项,占全部109项行政事业性收费项目的59%。有些环节收费项目较多、规费较高,如上海市口岸进出口环节收

表 3.6　　　　　　　分项指标各城市(组织)比较(纳税)

城市 (经济体)	前沿距离	纳税(次)	时间(小时)	总税率和社会缴纳费率(占利润百分比)	报税后流程指标(0-100)
上海	62.98	9	207	67.1	49.08
新加坡	91.58	5	64	20.3	71.97
新西兰	91.08	7	140	34.5	96.9
纽约	83.25	11	175	45.8	94.04
经合组织	83.07	10.9	160.7	40.1	83.45
东亚及太平洋地区	72.42	21.8	189.2	33.6	56.55

资料来源：世界银行《2018年营商环境报告》数据库。该项指标最近一次的数据搜集完成于2016年6月1日,记录的是日历年2015年的纳税指标(2015年1月1日到2015年12月31日)。

费分为五大类25大项,每进口一个20英尺集装箱货柜的平均综合费用在3 300—4 950元之间,费用构成为换单36%、报关9%、查验30%、提箱25%。一些收费明显不合理,如300元/集装箱的查验掏箱费。据统计,目前上海港的费用比新加坡高30%左右。上海应针对不同类型的收费项目分别施策,对于资源补偿类收费项目,如岸线使用费,应维持合理水平,以防止资源滥用;对于"国项国标"收费项目,如教育费附加、港口建设费,应积极与国家沟通,争取国家政策支持;对于"国项地标"收费项目,如地方教育附加等部分政府性基金,由于使用面较窄,资金沉淀较多,应努力争取降低费率水平直至取消;对于"地项地标"收费项目,如特种设备检查费,应尽量做到少征收或者不征收;对于企业性服务收费,要研究合理的收费水平,并通过引入竞争机制倒逼企业提高服务质量,促进企业服务提质增效。

6. 商事登记制度方面的短板

对标国际先进水平,以及上海国际贸易中心建设的要求,现有商事登记制度仍需要改进,营商环境的竞争力有待进一步提升。从地区来说,东亚太平洋地区有两个经济体跻身营商环境全球排名前10,即新加坡(2)和中国香港(5)。全球前10大改善最多的经济体中也有两个在该地区,分别为文莱和泰国。在过去的一年(2016.6—2017.6),东亚太平洋地区的25个经济体中有14个经济体实施营商便利度改革总计45项,该地区连续第二年改革总数超过40项。这意味着,东亚和太平洋区域,即上海所在的这个区域的营商环境竞争特别激烈。

此外,政策超前于目前体系的承受能力。商事登记制度改革的关键不仅仅是工商局内部流程的一个改进,把本来一个月的时间缩短为三四天,而是把原先的注册资本从实缴改为认缴,同时取消年检,代之以公示制度。这种做法虽非常先进,但在我国诚信体系还不完备、事中事后监管体系还未健全的情况下,一方面使自贸试验区管理成本大大增加,另一方面导致新的政策漏洞。在上海自贸试验区首批企业经营异常名录中,有1 467家企业"上榜",约占应该报送年报的企业总量的12%。由于进入门槛低,大量公司在自贸试验区注册,其中很大一部分是没有经营能力的"僵尸公司"。更有甚者,还出现了拿着高认缴额的营业执照到内地去行骗的案例。

四、原因

简政放权、为企业松绑,是全面深化改革的"先手棋"。中国新一届政府成立以来,国务院部门取消或下放行政审批事项约600项,提前两年多完成减少1/3行政审批事项的目标。多次简政放权后,制度性交易成本有所下降,然而,也有一些简政放权举措在落实中被困在"最后一公里",有时甚至导致好政策成了"空头支票"。产生这些问题的主要原因有以下几种:

(一) 制度设计规划不科学

1. 上海目前存在制度缺失,制度供给不能满足现有需求

当今社会发展日新月异,但是制度的制定往往是滞后的,导致当一些新模式、新业态出现时,缺少了相应配套的政策,企业无所适从,增加了交易成本。比如供应链企业出现时,并没有相关规定,是在上海浦东取得了突破之后,全国各地才开始学习的。政府不该管的事没有完全放开,该管的事没有认真管好,特别是公共产品和服务提供不足。行政审批制度改革的重点局限于经济管理领域,政府集中了过多的公共资源和社会资源,上海政府权力部门化、利益化的问题依然存在,造成行政审批事项仍然较多,清理不彻底,特别是在投资和社会发展领域,许多审批事项还没有有效清理。现行的部分法律法规相对滞后,制约了简政放权改革向纵深推进,继续取消下放权力事项难度增大;权力下放相关政策出台之后,相应配套细则和具体措施出台滞后,一些降成本的好政策,因为没有细化,对企业来说犹如画饼充饥。

2. 上海制度设计程序不够健全、内容不够规范

上海部门在制度设计过程容易受到部门利益的影响或者强势利益集团的

干扰,或者因制度制定者自身能力不足,产生一些不合理问题。制度也不够规范全面,缺少配套细则和具体措施,"天窗"和"后门"较多,行政人员在执行过程中自由裁量权过大,容易钻空子,造成效果不好或灰色交易等问题。上海在向中央主管部门争取政策和事权过程中,缺乏细部研究和具体方案。重庆、武汉等自贸试验区在制定《管理办法》《条例》等地方政策时,往往经过详细的论证、具备较为实际的措施办法,在上报国务院及中央部委后,易于得到认可,成为国家政策。而上海习惯于围绕概念和理念与中央部委商谈,缺乏细化方案。

3. 放权不够到位

该放的权有些还没有放,一些已出台的放权措施还没有完全落地。比如,投资领域审批虽经压缩,但各种审批"要件"、程序、环节等还是繁多,审批时间还是比较长,有的审批只是由"万里长征"变成了"千里长征"。各种证照包括职业资格认定和行业准入证、上岗证仍有很多。另外,在办理一些证照时,有关部门的标准和要求互为前置。有些权放得不对路,本该直接放给市场和社会的,却由上级部门下放到下级部门,仍在政府内部打转。有些权放得不配套,涉及多个部门、多个环节的事项,有的是这个部门放了,那个部门没放;有的是大部分环节放了,但某个关键环节没放等。另外,权责体制不健全,尽管"简政放权"的具体数量有了很大成绩体现,但在实质落实上仍需要进一步加强。在权力下放过程中,普遍存在有利益的事项抓住不放,无利益的事项尽量推到下级部门,相应责任也向下推诿,权责不对等造成下级部门往往由于不用承担最后责任而审查不严、敷衍了事,而具有终审权的上级部门又由于不了解具体情况无法把关。由于下放权责体系不清晰,监管的主动性和积极性不高,甚至采取放而不管的态度,事后的责任追究机制不健全,出现监管难和假下放,实际上群众办事并没有真正得到方便。

4. 上海中介服务名目过多、频率过密、收费偏高现象仍然存在

企业的评估、认证、检测等中介服务名目过多、频率过密、收费偏高。过去,评估评价往往由政府部门或事业单位直接操刀,这两年随着简政放权步伐加快,多数交给了第三方机构。但事实上,不管是政府做还是第三方机构做,成本上差别不大。有的评价必须分几步进行,拉长了评价时间,也导致企业重复花钱。比如上海自贸试验区的"跨境双向人民币资金池业务",企业如欲使用跨境资金池,就必须设计出一套符合国内外规则的机制。除要考虑纷繁复杂的国内监管规定外,还需将国外成员企业所在国的监管制度纳入考察视野,才可能设计出一套运转顺畅的跨境资金池运转体系。要设计这种机制,企业

除了需要负担内部人员的人力成本之外,还可能要雇佣各种各样的专业性顾问公司、中介公司等,进而产生并承担高额的中介费用。自贸试验区跨境资金池规则框架的设计由于在具体细节上欠明确,增加了中介机构设计全球资金池方案的难度,最终增加了跨国公司的成本。

(二)上海部门制度执行存在阻力与失衡

1. 目前管理体制的整合力度不够

我国当前政府职能的设置,既存在监管缺位、不力的情况,也存在部门的职责交叉、重叠等问题,部门和部门之间的空隙和交叉的地方,就是成本高企的地方,不仅没有提高监管的效率,反而造成多头监管、监管过多、重复监管,给企业带来较大的负担。

2. 信息不对称

部分制度公开透明度不足,缺乏宣传,导致企业难以了解制度具体要求,加大守法成本。这一方面反映了政府的信息宣传平台和手段还有所欠缺;另一方面,也反映了一些企业获取信息和利用信息的能力较为薄弱,企业无法有效利用信息降低企业的制度交易成本。此外,企业之间、企业与其他部门之间的信息传递阻塞,也增加了企业的相关成本。例如,信息传递不畅成为中小企业普遍反映的融资难问题的一个重要的成因。

3. "放管服"改革在执行中出现重"放"轻"管服",放权与能力建设失衡

有的地方只注重"放",而"管"、"服"不到位,从而在许多领域出现了放权与能力建设失衡,增加了制度性交易成本。同时行政人员思想意识尚未转变,且缺乏约束,时间观念不强,办事效率不高。

4. 基层承接能力不够

上海部分基层底子薄,权力下放后"接不住"或"不想接"。取消审批事项对企业降成本帮助很大,但有时还是没有"松绑感"。这是因为当下级政府承接的审批事项的风险较高、涉及的责任较大,加上没有相应的配套,权力下放时,就会出现权力承接得不顺畅。当下级政府在人员配置、技术水平、设备储备等方面与上级政府下放的审批事项不能有效衔接和匹配时,就会出现承接的困境。一些项目的技术含量高、设备要求精密度大,而地方相应的硬件设备不达标,技术水平不够高,以致这些审批项目承接起来具有很大的困难。审批权从国家层面下放到省、市、区,但审批事项往往没有减少,企业经常会面对基层办事人员少且没有能力办理的状况,有时甚至要耗费更多的时间和精力"扯皮"。

比如上海自贸试验区自由贸易（FT）账户功能，国家外汇管理局将FT账户资金划转业务的审批权下放到银行，因没有统一口径，各家银行对政策的理解不一，操作不一，中资银行对业务的管控相对较松，而外资银行对业务的管控则相对较紧，从而给部分希望在本国银行开展FT账户资金划转业务的外资企业带来不便。而且，同一家银行不同支行之间解释不一，甚至同一家支行里不同人员的说法也不一致，给企业造成较大困扰。此外，部分基层支行员工对FT账户的业务不熟练，导致企业有些业务不能做或需要辗转几家银行才能办理。

（三）上海部门制度调整优化不够及时

1. 制度调整跟不上需求，制度的调整跟不上节奏

现在的新经济、新业态，特别是以互联网经济为代表的，是一类高度的多领域融合的经济，复合型特征很强，比如最典型的共享经济，同时就涉及复合的制度调整，而这类步伐目前是滞后的。

2. 监管、反馈机制欠缺

缺乏具体的监管制度，包括针对每条措施的明确的监督、检查、指导和考核的责任部门和责任人、绩效评价办法、具体的考核奖惩措施和时间节点要求。同时也缺乏制度问题的反馈机制，使得制度中存在的问题难以向有关部门反映，即使反映了也未能有效处理。

五、政策建议

十九大报告提出，要深化机构和行政体制改革。统筹考虑各类机构设置，科学配置党政部门及内设机构权力、明确职责。统筹使用各类编制资源，形成科学合理的管理体制，完善国家机构组织法。转变政府职能，深化简政放权，创新监管方式，增强政府公信力和执行力，建设人民满意的服务型政府。赋予省级及以下政府更多自主权。在省市县对职能相近的党政机关探索合并设立或合署办公。深化事业单位改革，强化公益属性，推进政事分开、事企分开、管办分离。两会也强调优化营商环境第一步就应当推动人大和政府清理、修改和废止不利于营商环境的法规、规章和制度。为了更好地降低制度性交易成本，结合十九大与两会的精神，提出如下建议：

(一) 制度设计要以需求为导向,及时优化调整现有政策

一是上海简政放权制度的设计需要坚持问题导向、需求导向、目标导向。从群众和企业的需求出发,就权力事项该不该放、能不能放、放后效果等征求人民群众、行业协会、企事业单位、基层政府、新闻媒体等各方面的意见,根据需求确定改革切入点、攻关点,精准定向,削减行政审批事项、职业资格认证、生产许可证、经营许可证和企业资质认定。在削减审批事项、配套政策的出台等工作中,广泛听取人大代表、政协委员以及经济学、管理学、社会学、法学等领域专家学者意见,紧跟现实社会的发展,增强工作的时效性、科学性和合理性。二是要推动新经济在上海的健康发展。对"互联网+"和分享经济等新技术、新产业、新业态、新模式,量身定制相应规章制度和监管方式,建立审慎监管模式,推动新经济健康发展。

(二) 明确权责边界,规范权力行使

十九大报告提出,要推动形成全面开放新格局。实行高水平的贸易和投资自由化便利化政策,全面实行准入前国民待遇加负面清单管理制度,大幅度放宽市场准入,扩大服务业对外开放,保护外商投资合法权益。凡是在我国境内注册的企业,都要一视同仁、平等对待。一是推动上海部门权力规范化,进一步依法行政,加强制度建设和制度创新,特别要在制度缺失的领域补短板。继续推进权责清单制度改革、政府信息公开和数据开放制度建设、第三方评估和政府绩效管理制度建设、行政问责制度建设。二是特别注重深入推行权力清单、责任清单和负面清单管理模式。权力清单可以明确政府能做什么,责任清单可以明确政府该管什么、怎样管,负面清单可以明确对企业约束有哪些,使政府法无授权不可为,法定职责必须为,使企业和社会法无禁止即可为,进而划定政府与市场、社会的行为边界,推进政府治理现代化。权责清单制度应当注重理论和实践研究,总结各地改革经验,针对不同层级和部门制定标准指南,提供样本,更加合理地划定政府与市场、社会的行为边界,增强权责清单的规范性、可操作性。推行负面清单制度,要体现开放搞活、由市场决定资源配置的要求,尽可能减少政府的行政审批范围,消除不合理限制,放宽市场准入,消除市场壁垒,形成统一市场准入制度。

(三) 梳理权责关系,推进部门协同

一是提高上海行政放权的协同性、联动性。对跨部门、跨领域、跨地域的

审批事项,相同或相近类别的要一并取消或下放,关联审批事项要全链条整体取消或下放。在放权的同时厘清部门权责界限,做到权责统一。针对同一服务对象的行政审批权分散在不同行政部门,应进一步明确各部门的责任和权力,避免职责的交叉重叠。对于某些可以合并到一个行政部门的审批事项,如餐饮行业的相关行政审批,可主要由卫生计生委或食品药品监督管理局承担,以减少行政成本与漏洞。在政策法规允许范围内,保持行政审批权限归属地一致性,或统一归属省级部门办理,或统一归属地市级部门办理。按照谁审批谁负责的原则,力争将指定的初审事项取消,不再层层审核。二是加强上海行政各部门协同。在部门协同上,对一个审批事项涉及的各个部门,应加强协调配合和措施衔接,协同推进,防止你改他不改。在上下联动上,凡是市场能够有效调节的,基层可以自主解决的,尽可能地把权力放到位,直接放给市场、企业和基层,防止截留、承接不力和落实不到位等问题;要研究制定审批项目的分类标准,统一审批项目的名称和类型,为推进改革和上下联动提供科学依据。

(四) 完善行政审批标准化与"互联网＋政务服务"

一是要推行上海行政审批标准化。简化整合审批内容,改进审批方式,对保留的审批事项纳入全国统一的投资项目在线审批监管平台,实行"一站式"网上并联审批,明确标准,缩短流程。就行政审批标准化来说,依托政务大厅,以建设行政审批服务标准化为突破口,加快建立行政审批标准化体系和联合运作机制,有效地实现放管服协同推进过程中政府的综合效能。严格实施行政审批事项目录管理,规范行政审批事项(子项目)及要素;建立行政审批标准,再造行政审批流程,做好行政审批标准化实施工作。二是要加快上海"互联网＋政务服务"进程。同时,加快各级政务服务平台建设,推动实体政务大厅向网上办事大厅延伸。依托政务服务平台,实施网上协同办理。全方位为社会提供上网事项信息公开、网上预约、材料预审、受理提交等系列服务。完善统一的网上政务服务用户身份认证机制,力促政务服务网络化、移动化、智慧化,推动主要行政权力"一张网"运行,逐步实现政务服务事项跨区域、跨层级、跨部门的"一号申请、一窗受理、一网通办"。积极运用电子化手段进行信息推送,多渠道宣传简政放权改革政策,拓展部门网上服务业。

(五) 发挥上海自贸区引领作用,进行先进举措的探索试验

一是继续重点推进上海"三个脱钩"——政企分开、政事分开、事企分开,

即完成上海第二批349家行业协会、商会与行政机关脱钩试点,全面完成市级行政事业单位与所属企业脱钩,并巩固审批相关的中介服务机构与政府部门脱钩的改革成果,决不允许搞明脱钩暗不脱钩,决不允许搞先脱钩再回潮。二是着力发挥上海自贸试验区示范引领作用,把更多先行先试举措放在自贸试验区探索试验,力争有更大突破。有序推进资本项目开放试点,建设人民币全球服务体系,逐步开放资本市场,逐步放宽境内投资者投资境外资本市场。加快自贸区跨境人民币创新业务发展,适当降低开展跨境双向人民币资金池业务的准入条件,支持有真实交易背景的人民币资金走出去和外币资金走进来。进一步拓展自由贸易账户(FT)功能,以自由贸易账户为基础扩大本土证券业机构的国际业务。三是自贸区承接行政权力的基层政府部门在人才、经费、技术、装备等方面要确保"接得住"、"管得好"。自贸区要严格取消、下放事项相关要求,做实承接方案,做到权力下放与技术装备落实同步,与配套经费、监管责任落实同步。在机构、编制、人员、技术、装备、经费等方面加大对基层的支持力度。采取业务培训、现场指导、远程协助、案例剖析等方法,帮助地方切实做好承接工作,彻底消除"梗阻",打通"最后一公里",确保下放权力"接得住"、"管得好"。针对基层业务人员不足的问题,鼓励地方用好各项政策配齐配强基层人员,如通过公益岗位开发形式招聘符合条件的就业困难人员充实服务岗位,鼓励以政府购买服务的方式吸纳工作人员提供专业性公共服务;针对权力下放后业务培训效果不显著的问题,加强业务程序化、标准化的研究和指导工作,出台标准化业务流程,有计划、有重点、分层次、分阶段、多形式组织培训,使基层人员尽快地掌握具体工作方法。

(六) 加快上海自贸区仲裁院建设,助力打造上海亚太仲裁中心

一是探索仲裁管理服务、仲裁品牌机构创新发展。第一,积极回应上海五大中心建设对仲裁法律服务的新需求,尊重仲裁工作的特点和规律,坚持"专业化、高端化、国际化"的发展战略,秉持"独立、公正、专业、高效"的发展理念,加强和改善对仲裁程序、仲裁员和办案秘书等工作的科学管理,努力提升仲裁公正高效的工作制度创新和法治化水平。第二,创建多元纠纷解决机制建设,最大程度地考虑当事人意思自治的要求,使仲裁解决争议方式更具兼容性、灵活性、适应性,以满足当事人对争议解决的多样化需求。第三,加快专业化仲裁工作人员队伍建设,确保仲裁公正、廉洁、高效,以推进正规化、专业化建设为方向,努力建设一支政治坚定、能力过硬、作风优良、公正廉洁的高素质知识产权仲裁员队伍。第四,全面提升信息化建设水平,加大对仲裁办案的信息化支撑,探索互联网＋仲裁服务模式,逐步建立网上立案、网上咨询、电子送达,推进在线仲裁信息平台,促进仲裁信息化的提升。二是采用"互联网＋仲裁"方式来实现弯道超车。为什么要发展"互联网＋仲裁"？理由很简单,在国际上,伦敦国际仲裁院成立于1892年,国际商会仲裁院成立于1923年,AAA(美国仲裁协会)于1926年成立,香港国际仲裁中心1985年成立,新加坡国际仲裁中心成立于1991年,整个国际仲裁市场是一个竞争的环境,谁都想成为市场的引领者。目前互联网经济已全面铺开,网络仲裁不仅是互联网和仲裁的简单叠加,更是利用信息通信技术和互联网平台,让互联网与仲裁业务进行深度融合,创造出新的仲裁模式,这将大大提高工作效率,真正破解"地域限制、周期长、成本高"诉讼困境,更加有效地保障市场主体合法权益,这将是上海亚太仲裁中心建设实现弯道超车的重要一环。对此,亟待打造适合本市仲裁发展的"专业、快速、方便"网络平台,专门制订相应的仲裁规则,这不仅是贯彻落实"互联网＋"行动计划战略部署的一次有益探索,更是网络化、智能化、服务化、协同化的新业态发展思想的一次集中体现。通过开展"互联网＋仲裁"工作,可以使得仲裁委的服务触角延伸到更广阔的领域和地域,契合其立足本市、服务全国、面向亚太、走向世界、积极融入全世界仲裁法律服务圈的发展理念。

第四篇　上海降低制度性交易成本之事中事后监管研究

一、上海加强事中事后监管及其制度创新的现状和成效

降低制度性交易成本要求转变政府监管模式,政府管理由事前审批更多地转向事中、事后监管。坚持放管结合,积极探索和加强事中事后监管,更好发挥政府作用,为经济发展维护良好的市场秩序。为落实国家"证照分离"改革试点,更好实现事中事后监管,上海先后出台了《上海市行政审批批后监督检查管理办法》《进一步深化中国(上海)自由贸易试验区和浦东新区事中事后监管体系建设总体方案》等监管制度,在全国率先推出了一份完整、系统的事中事后监管体系,以解决简政放权后的监管问题。上海已初步建成事中事后监管的基本制度,进行了市场监管体制、社会信用体系制度、信息共享与综合执法制度、企业年度报告公示和经营异常名录制度、社会力量参与市场监督制度等方面的制度创新。[①]

(一) 事中事后监管与降低制度性交易成本的关系

1. 加强事中事后监管,是降低制度性交易成本、优化营商环境的内在要求

政府监管覆盖事前、事中、事后监管全过程。事中事后监管,主要指政府依据法律规定和行政法规的要求,在政府相关职能部门相互协调的基础上,对市场及其市场经营主体的正在进行的或已结束的行为进行整体性、全过程、多方位的监督和管理。其目的在于规范各种市场行为、维护市场基本秩序,创造

---

① 陈建华.上海自贸试验区事中事后监管制度创新研究[C]//上海浦东经济发展报告(2017),社会科学文献出版社出版,2017:46-63.

良好的市场环境。降低制度性交易成本的目的是持续优化营商环境,有效释放全社会创业创新活力。加强事中事后监管,有利于保障公平竞争的市场秩序,是降低制度性交易成本、优化营商环境的内在要求,以更强的"管"促进更大的"放"和更优的"服"。

降低制度性交易成本,需要更加注重监督。习近平总书记曾提到:"放管结合、并重,只放不管必有后患"。降低制度性交易成本,要破处"暗箱操作",这就要求监管标准明确、流程可查、结果可预期,制度性交易成本往往藏匿于"灰色地带"和"暗箱操作"之中,审批权放开或者下放后,监管责任更重,要求更高,如果管不好,就会前功尽弃、后患无穷。而这要求必须以更公开的监管流程保障程序合法,健全制度体系,强化投资综合监管,建立纵横联动、齐抓共管的协调监管体系,实施好公平竞争审查制度,为公平营商创造条件。

2. 通过加强事中事后监管来降低制度性交易成本的价值和意义

降低制度性交易成本,持续优化营商环境,关键在于简政放权、放管结合、优化服务。而加强事中事后监管是当前"放管服"改革向纵深发展的重大任务,事中事后监管是深化"放管服"改革的"助推器",是完善社会主义市场经济体制的必然要求,是推进国家治理体系和治理能力现代化的重要举措,是强化"四个意识"、当好参谋助手的重要体现。目前,通过简政放权、放管结合、优化服务,市场流通和企业生产经营秩序明显改善、优胜劣汰、公平竞争的市场环境正在逐步形成。尽管营商环境得到改善,但是目前管制多、办事难的问题依然存在,这就要求政府要从实际出发,把更多的审批变为备案,同时强化事中事后监管。利用"互联网+"、大数据等高科技手段改变政府服务模式、监管模式,营造良好的营商环境,是降低制度性交易成本的重中之重。

(二) 自贸区初步建成事中事后监管制度

经过多年的探索与运行,上海自贸区初步建成事中事后监管的基本制度,在市场运作监管方面建立起完善的覆盖事前、事中、事后全过程的监管制度。[1] 具体情况见表4.1:

---

[1] 陈建华. 上海自贸试验区事中事后监管制度创新研究[C]//上海浦东经济发展报告(2017),社会科学文献出版社出版,2017:46-63.

表 4.1　　　　上海自贸区初步建成事中事后监管的基本制度

政策	具体措施	具体表现
1. 反垄断审查制度		
《经营者集中反垄断审查工作办法》、《反垄断协议、滥用市场支配地位和行政垄断执法工作办法》、《自由贸易试验区外商投资国家安全审查试行办法》等		形成了上海自贸试验区反垄断工作联席会议制度
2. 企业信息公示制度		
《关于加强经营异常名录企业信用约束的意见》、《企业信息公示暂行条例》	出台了经营异常名录企业信用约束专项规定,覆盖了"四合一"市场监管的全部职能,细化了"一处违法、处处受限"的惩戒原则	1) 上海自贸区于 2014 年 3 月 1 日起率先创设企业年检改年报公示制度及经营异常名录制度,并于 2014 年 10 月 1 日起在全国复制、推广 2) 采用"双随机"方式,先行先试对企业年报信息和即时信息的抽查,推动公示信息的公正性、真实性、有效性 3) 食品生产等风险系数高的大行业为企业年报公示的重点行业,公示率均超过 98%;①
3. 项目监管清单制度		
《关于上海市"证照分离"改革试点总体方案》、《上海市相关行业、领域、市场事中事后监管工作方案清单》	1) 根据"证照分离"政策,逐步明确相应的事中事后监管措施,制定监管项目清单 2) 深化落实市层面关于 133 个行业、领域、市场事中事后监管具体工作,制定相关工作方案清单,抓好方案实施。	2017 年 12 月上海印发《上海市公共法律服务项目清单》共 39 项

---

① 陈建华.上海自贸试验区事中事后监管制度创新研究[C]//上海浦东经济发展报告(2017),社会科学文献出版社出版,2017:46-63.

续表

政策	具体措施	具体表现
4. 投资监管制度 《上海市企业投资项目核准管理办法》《上海市企业投资项目备案管理办法》《上海市外商投资项目核准和备案管理办法》《上海市境外投资项目备案管理办法》《关于发布政府核准的投资项目目录(2017年)》《上海市政府备案的投资项目目录》	1) 投资促进方面：对外商投资实行负面清单管理模式，实行企业备案与项目备案管理制度的外商投资管理模式 2) 投资保护方面：投资者可以申请行政复议、行政诉讼和商事纠纷解决机制 3) 与商事制度改革配套的措施：实行注册资本认缴登记制；实行"先证后照"制度；取消企业年检，改为公示制度；转变政府的市场监管方式，实行经营异常名录制度；安全审查和反垄断审查；知识产权保护；信用信息制度①	1) 备案制实施后，外资投资办理时间由8个工作日缩减到1个工作日，超过90%的投资项目均以备案方式新设，无须再审批，新设企业中的外资企业占比从设立初的5%上升到近20%。 2) 截至2016年6月底，上海自贸区累积办结境外投资备案1262项，备案中方对外投资额431亿美元。仅2016年前两季度，上海浦东区办理备案就达443项，备案中方对外投资额156亿美元，同比增长76%。②
5. 贸易监管制度 《中国(上海)自由贸易试验区总体方案》《关于本市促进外贸转型升级和持续稳定增长的若干措施》	1) 上海海关先后推出31项创新制度，海关监管制度初步形成 2) 上海海关推出"国际贸易单一窗口"服务机制，以及以自贸区试点"货物状态分类监管"为代表的监管模式创新，探索推进亚太示范电子口岸网建设 3) 上海出入境检验检疫局先后推出"检验检疫24项改革措施"以及"十捡十放"分类监管新模式③	1) 31项创新制度，目前已有21项在全国海关复制推广 2) 上海自贸试验区内实际进、出境平均通关时间较上海关区平均通关时间大大缩短，区内海关通关作业无纸化率大幅度提高，贸易便利化效果显著。

① 沈桂龙,张晓娣.上海自贸试验区投资管理创新：三周年总结评价及下一步展望[M].北京：社会科学文献出版社,2017.
② 王畅.上海自贸区对接"一带一路"投资管理制度创新实践[J].新丝路学刊,2017(01)：138-157.
③ 陈建华.上海自贸试验区事中事后监管制度创新研究[C]//上海浦东经济发展报告(2017),社会科学文献出版社出版,2017:46-63.

续表

政策	具体措施	具体表现
6. 金融监管制度 《中国（上海）自由贸易试验区总体方案》《进一步推进中国（上海）自由贸易试验区金融开放创新试点、加快上海国际金融中心建设方案》《发挥上海自贸试验区制度创新优势开展综合监管试点探索功能监管实施细则》《进一步推进中国（上海）自由贸易试验区外汇管理改革试点实施细则》	1) 市场准入方面：以负面清单理念为基础的金融机构的事中事后报告制度 2) 监管模式方面：以自由贸易账户为核心的账户监管模式 3) 监管手段方面：在分业监管已经不利于风险防范的环境下，主管部门即将推出的综合、功能监管模式。①	1) 截至 2016 年 8 月底，自贸区"累计发生人民币境外借款 287 亿元，393 家企业累计开展跨境人民币双向资金池业务收支总额 6 997 亿元，经常项下人民币集中收付业务收支总额 176 亿元，跨境电子商务人民币结算 29 亿元，区内跨境人民币结算总额 2.23 万亿元"② 2) 企业"通过自贸账户获得的本外币融资总额折合人民币 6 331 亿元，平均利率 3.93%，融资成本大幅降低"。③

反垄断审查制度、企业年报信息公示制度和经营异常名录制度有利于加强市场公平竞争环境建设，为企业创造更好的营商环境；项目监管清单制度明确了政府职能机构的监管职责，有利于降低重复监管、交叉监管等现象，降低企业成本；投资监管制度改革优化了企业投资便利条件，备案制度减少了企业开办企业申请的时间成本；贸易监管制度改革大大降低了企业通关时间，减少了企业通关成本；金融监管制度改革增加了企业的融资渠道，特别是中小企业的融资成本大幅降低。这些监管制度的改革为企业投资创造了良好的营商环境，大大降低了企业的制度性交易成本。

（三）市场监管体制改革，建立综合执法体系和新体制

自十八届三中全会《关于全面深化改革若干重大问题的决定》提出，要加快转变政府职能，"改革市场监管体系，实行统一的市场监管"，全国拉开了市

---

① 李桂花. 上海自贸区金融监管制度创新的现状、问题和对策[C]//上海浦东经济发展报告（2017），社会科学文献出版社出版，2017：64-82.
② 施珵娅. 依托自由贸易账户体系大力推动金融开放创新[N]. 上海证券报（特刊），2016-09-29.
③ 何欣荣. 上海自贸区挂牌三周年，四大制度创新成效显现[N]，新华网，2016-09-29.

场监管体系优化整合的大幕。

实行市场监管体制改革是落实我国行政管理体制改革的需要,是上海自贸区建设的需要,是适应上海"四新"经济动态一体化监管的需要,是服务大众和回应群众呼声的重要举措,更是按照国际化、法制化的要求,化繁为简,减少行政成本,降低企业制度性交易成本,营造便利化营商环境的需要。

建设上海自贸区的目的是最终实现贸易的自由化、投资的便利化、货币的国际化。浦东新区率先启动市场监管体制改革,不断转变政府职能,建立更加统一高效的市场管理体制,建立集中统一的市场监管体系,提高行政透明度,履行投资者权益保护功能,才能全面释放市场活力、营造更加公平开放的市场环境,才能更好地对接、配合、服务上海自贸区建设。

上海市市场监管体制改革是以浦东新区作为自贸区试点开始的,而浦东新区市场监管体制改革是以浦东新区市场监督管理局的改革为抓手推进的。

表 4.2　　　　　　　　上海市场监管体制改革

一、改革举措
1. 2013 年 9 月,根据市委、市政府的决策部署,浦东新区在全市率先试点市场监管体制改革。2014 年 1 月 1 日正式完成工商、质监、食药监三局合并,挂牌成立新的市场监督管理局,综合行使原三局职能
2. 2013 年 10 月并入原物价局的价格监督检查职能,形成"四合一"机构改革模式
3. 2016 年 3 月 1 日,完成原上海市工商局自贸分局、上海市质监局自贸分局整合,在浦东市场监管局挂牌"中国(上海)自由贸易试验区市场监督管理局"
4. 整合 12315、12365、12331 和 12358 投诉举报平台,建立投诉举报中心,及时查处举报投诉,回应百姓需求,探索协作监管、信息交流共享、突发事件应急联动等监管执法办案协作联动机制
二、具体举措
1. 整合政府监管主体。优化政府职能机构设置,将原来四个局由市局垂直管理,改革为由新区属地管理,职能设置方面,按照市场准入、监管执法、专业管理和技术支撑等职能设置管理板块,打造了浦东新区公共信用信息服务平台和浦东新区企业事中事后综合监管平台,构建了"企业自治、行业自律、政府监管、社会参与"的共治机制
2. 机构人员下放基层,充实基层监管队伍。本次改革采取保持原三局行政编制和参公事业编制总量不变,将原三局内设机构从 29 个减少到 17 个,全局 80% 的人员充实到基层一线。同时,对应浦东 36 个街镇和自贸区保税片区、国际旅游度假区,设立了"36+X"个基层派出机构,并将重大面广、专业技术要求相对不高的职能下放基层,形成"大基层"工作格局。这一举措弥补了市场开放下监管能力不足的短板,基层监管力量得到加强,实现了机构街道全覆盖的格局

3. 一体化监管,成立综合执法队伍。整合成立综合执法稽查支队,通过全方位整合、融合,推进从生产到流通、到消费环节的一体化、全过程、高效能监管,破解当前存在的市场监管缺位、错位、越位等问题,进一步实现市场管理到位。对于原质监、工商分段管理的产商品质量问题,建立生产、流通领域产商品质量"双向追溯"机制,一体化监管
4. 便利化服务。"企业简易注销登记"、"个体工商户简易注销登记"的全国率先试点,有助于破解长期存在的"注销难"瓶颈难题;建立"单一窗口"受理制度;整合群众投诉渠道,形成"一体化"诉求处置

三、改革效果

改革效果	具体效果	具体表现
1. 基层力量得到加强,监管成效明显提升	1) 弥补了市场开放下监管能力不足的短板,基层监管力量得到加强,实现了机构街道全覆盖的格局 2) 依托体制改革后的基层力量优势和综专结合优势,"最后一公里"的监管力度不断增强,对老百姓关心的食品药品安全、产品质量安全等高风险、重难点环节的监管更加有力,处置突发事件上也更为迅速 3) 对重点食品和药品企业,集中力量开展全方位、全过程"彻底检查",实现了从被动监管向主动监管转变,从表面检查向深度检查转变,从常规检查向重点检查转变	1) 食品药品监管方面,2015年,浦东市场监管局检查食品企业66 569户次,同比上升21.56%;检查药品零售企业4 532户次,分别是2014年的3.4倍、2013年的4.6倍;检查化妆品企业1 671户次,分别是2014年的4.3倍、2013年的6.4倍;检查医疗器械经营企业2 113户次,比2014年增长11.8%,是2013年的3.4倍 2) 截至2016年11月,已彻查高风险食品企业116家,发现并督促整改食品安全隐患等问题651项,立案查处86起。特种设备监管方面,2015年开展特种设备使用单位监察2.5万户次,其中监察员现场检查5 703户次,比2014年增长85.6%,是改革前的13.8倍。打击违法方面,2015年全局查处各类违法案件3 568件,比2014年增长40.6%,其中食药类案件1 639件,是改革前的2.2倍;质监类案件139件,是改革前的2.3倍;价格类案件214件,比改革前翻了数番。主要监管数据的明显提升,显示了综合执法体制的优势和实效
2. 监管缝隙得到消除,多头执法得到解决	1) "四合一"机构改革模式构建了"市场准入一体化、市场监管一体化、执法办案一体化、诉求处置一体化"等"大监管"体系 2) 改革的重要效能是提升了整体性政府的监管协同问题。通过归并职能,优势互补,改	1) 2015年立案查处质量不合格案件数比2014、2013年分别增长37%和64% 2) 原来同一市场主体检查食品安全、特种设备、计量器具、广告宣传、价格欺诈等事项,改革前需要四个部门至少8人分4次,改革后只需一个部门2个人检查一次。以惠南所对上海南汇交通实业有限公司日常监管为例,改革前需要8人次,分4场次检查,耗时4个半天,改革后只需2人次,1场次检查,耗时1个半天

续表

2. 监管缝隙得到消除,多头执法得到解决	革后各部门间的协同监管大大降低了协调难度和成本,解决和改善了改革前职能交叉、争议无证照食品经营、"碎片化"管理等长期存在的问题,综合执法成本降低了,效果却大大提升	
3. 协同管理得到保障,监管人员能力提升	1) 一方面,体制改革进一步强化了"条"、"块"联动,推动了协同监管机制的完善、力度的加强 2) 另一方面,体制改革推动了市场监管执法人员自身的学习动力	1) 推出基层市场监管所"条管共用"模式,在浦东 36 个街镇全面建立食安委、食安办,构建食品安全网格化体系,并研究优化无证照经营综合治理机制,促进了社会治理创新。该项指标评估结果得分为 88 分。社会共治效应逐步显现 2) 具有特种设备监察员专业资质的人数从改革前的 20 人拓展到目前的 240 余人,增加了 10 倍以上
4. 市场主体活力激发,受众感受改革红利	1) 将市场监管体制改革与国家商事制度改革有机结合,优化营商环境,使得投资便利化,促进大众创业、万众创新 2) 深化市场准入制度改革,推行了市场准入便利化改革、"证照分离"和许可审批方式改革、登记便利化改革、优化窗口服务机制	1) "单一窗口"集中受理制度,使外资企业需要重复递交的多份纸质材料缩减至 3 份,办理时间由 19 个工作日缩短至 4 个工作日 2) 截至 2016 年 5 月底,浦东已完成企业简易注销 204 件、个体户简易注销 154 户。 3) 截至 2016 年 5 月底,浦东集中登记地增至 42 个,8 653 户因此受益,推动了各类企业尤其是中小微企业创新创业。率先实现"所有审批事项集中办理" 4) 截至 2016 年 4 月底,浦东新区共有各类企业 238 171 户(不含分支机构,下同),比 2013 年 9 月自贸区设立时的全区企业数(125 411 户)增加了 90%;其中,自贸试验区共有企业 70 128 户,35 163 户为自贸区成立后新设,超过了自贸区成立前相关区域累计企业数量的总和

资料来源:根据沈开艳.浦东市场监管体系改革评估报告[M].科学文献出版社,2017整合而得。

市场监管体制的改革,将原有四个整合职能归并,优势互补,大大增强了机构之间的协同监管能力,解决和改善了改革前职能交叉、争议、无证照食品经营、"碎片化"管理等长期存在的问题,综合执法成本降低了,效果却大大提升。"单一窗口"集中受理制度,极大缩短了企业申办所需的材料和花费的时间,降低了企业的制度性交易成本。

(四) 持续推进"社会共治",构建开放型大监管格局

多年来,上海试图通过企业年报制度公示,以社会信用为抓手,积极探索社会力量参与事中事后监管的方式和途径,从而实现构建"企业自治、行业自律、政府监管、社会参与"的共治机制[①]。上海市与上海自贸区的职能部门先后出台了多个政策促进社会力量参与监管的制度框架,以自贸试验区为抓手,加强和促进社会力量参与市场监督等制度的建设,探索政府、企业和社会组织多种社会主体共同参与的事中事后监管基本制度框架。具体如表4.3所示。

表4.3 自贸区事中事后监管基本制度框架

政　　策	成果	作用
《关于在中国(上海)自由贸易试验区进口法检商品(重量)鉴定工作中采取第三方检验鉴定结果的通知》、《上海海关关于引入社会中介机构辅助开展中国(上海)自由贸易试验区保税监管和企业稽查工作的公告》、《上海海关关于在中国(上海)自由贸易试验区实施区内企业自律管理的公告》、《中国(上海)自由贸易试验区促进社会力量参与市场监督的若干意见》等	1) 自贸区企业和相关组织形成的"社会参与委员会" 2) 陆家嘴金融城率先实施"业界共治＋法定机构"的公共治理架构	为企业和社会组织参与市场监督与管理提供了良好的信息交流平台,促进这些机构在行业准入、过程监督、评审评估、认证鉴定、标准制定以及市场秩序维护等方面发挥作用

资料:作者整理所得。

行业协会和社会参与委员会为公众参与监督提供了良好的信息交流平台,为有效协调本行业企业的经营行为、维护行业信誉、鼓励公平竞争等提供了较好的途径,进一步体现了政府为创造良好的营商环境、市场公平竞争环境、改进政府监管不足之处的决心,从而间接为降低企业的制度性交易成本做出努力。

(五) 着力构建"互联网＋监管"创新模式

上海以"互联网＋"和大数据技术为支撑,大力运用"互联网＋"、云计算、

[①] 陈建华,上海自贸试验区事中事后监管制度创新研究[J].2017(2).

智能远程等技术手段,大力推进"互联网＋监管"模式创新,促进了信息化监管平台的形成,构建了"互联网＋政务服务"的模式,初步构筑了网上政务大厅、综合监管平台和公共信用信息服务平台三大基础设施,充分借助信息化手段提升政府服务能力,初步实现了政务数据的归集、公开、共享、开发,有力地推动了"技术＋制度"事中事后监管信息支撑网络的发展。

表 4.4　　　　　　"互联网＋监管"创新事中事后监管模式

政策	效果	具体表现
《中国(上海)自由贸易试验区总体方案》《上海市政务资源数据共享办法》	1. 2015 年 11 月,上海自贸试验区公共信用信息服务平台已上线运行,初步为社会信息记录与查询以及信用约束提供了可借鉴的信息记录	目前平台已归集浦东新区 20 多个部门的 1 000 多万条信用信息,并且已开通对外服务窗口,面向社会提供信用信息查询服务。形成了"一处失信、处处受限"的惩戒效应
	2. 2016 年 6 月,上海事中事后综合监管平台在全市率先上线运作,将原本分散在各部门的监管信息有机整合到同一的监管信息平台上,实现了各领域综合监管信息的实时传递和无障碍交换	1) 根据"6＋2"的功能架构设计、实现跨部门之间"信息查询、协同监管、联合惩戒、行刑衔接、社会监督、数据分析"＋"双告知、双随机"功能 2) 截至 2016 年 9 月 5 日,共有 66 家单位登录、使用该信息平台,累计登录量 2 638 次。
	3. 网上政府大厅成功运作,整合相关部门实现网上"一口受理",以"单一窗口"实现政府数据资源共享	已有浦东新区"外企 7 证办直通车"、长宁区"企业准入'单一窗口'"、黄浦区"企业发展服务平台"等上海各区的直通车

二、现阶段上海事中事后监管过程中存在的问题和难点

上海作为中国改革的先行者,在许多方面率先进行了创新性改革,特别是自由贸易试验区,大大增强了上海企业投资便利化,加强了公平性竞争市场环境建设,创造了良好的营商环境,企业的制度性交易成本明显下降,在积极探索事中事后监管的道路上已取得了不俗的进展。在肯定成绩的同时,我们应该清醒地看到,事中事后监管依然面临不少的矛盾和瓶颈制约,在实际运行中,在构建公开透明、平等竞争的营商环境方面,在进一步降低企业的制度性交易成本方面,还存在诸多监管难题亟待解决。

(一) 以信用为核心的事中事后监管机制不够健全

上海尤其是自贸试验区在事中事后监管方面,初步建立起"以市场主体自律"为基础,以"信用监管"为核心,以"部门协同"、"社会共治"、"风险防控"、"专业监管"为重点的事中事后监管体系。然而,上海在信用体系建设领域仍有完善的空间,以信用为核心的事中事后监管机制仍不够健全。受传统理念更新不到位、制度设计不完善、新旧监管模式衔接不顺畅等因素影响,目前信用监管相关部门协同监管意识不到位,制度设计和平台建设水平参差不齐问题突出。信息归集制度不够健全导致信用信息平台建设涉及内容较窄,信用信息核查应用制度的不完善和联合激励与惩戒机制的缺失导致失信成本低、守信成本高,信用监督的效用无法正常发挥。

(二) 监管机构联动性不强,仍存在重复监管等现象

一是市区两级监管体制改革进度不一致。尽管上海作为改革的先行者,其市场监管体制的改革也走在了前列,然而上海目前的大部制改革还只有在区县层次进行,市级层面的工商局、质监局、食药监局、物价局尚未进行相应的改革,市区的市场监管体制改革进度出现了不协调、非一致性。二是监管结构之间协调监管能力缺乏。即使在自贸试验区内,各个监管机构之间也存在着不一致的地方,尚未达到无缝对接的水平,协同监管能力不强,多头管理的现象还存在。监管机构如海关、检疫检验、市场监督管理、税法、公安司法机构部门之间的协调与合作还远未达到无缝对接的程度,完整与快速动态的事中事后监管体系与网络尚未完成。三是重复监管等现象仍然存在。"单一窗口"试点与其他试点项目,如海关和检验检疫局"一次申报、一次查验、一次放行"存在部分重复,企业面临重复选择,加重企业的负担。

(三) 基层监管人员的数量不足,工作质量有待提高

一是政府监管结构和基层监管人员数量不足,导致工作效率低下。在市场监管对象量大面广、业务复杂、风险性较高的形势下,政府监管机构及人员的数量远远低于企业与市场运营所需的监管数量,特别是在已进行改革的自贸试验区内,基层执法干部人数与执法任务量之间不匹配的问题非常突出,严重影响了监管效率。二是基层监管人员综合能力和专业能力不足,导致服务能力不强,工作效率不高。目前,大部制改革对执法人员的综合能力和专业能力提出了更高的要求,目前大部分执法人员不同程度地存在知识结构不匹配、专业能力不适应新情况、监管能力亟待提高等问题。① 专业知识和综合能力的缺乏导致基层人员的工作效率难以得到真正提高,为企业服务的能力有待提高。

(四)"单一窗口"建设"重形式"而不"重功能"

新加坡国际贸易"单一窗口"整合了35个政府部门超过8000个具体业务流程,企业可以在电脑端7天24小时随时向"单一窗口"进行申报,获得反馈的时间也从原来的4—7个工作日缩短至10—15分钟,关税支付由传统的支票和现金转变为可电子转账,企业每次申报的成本由原来的10新加坡元降低为平均3新加坡元。② 上海的"单一窗口"与新加坡 Trade Xchange 作为真正的多系统单一窗口相比,有很多综合性高端贸易服务功能的缺失,如企业与其客户及供应商相互链接,实现商业单证的交换等。事实上,"单一窗口"并非只是对政府同类职能部门的简单合并,而是应该以企业办事便利化为标准,真正做到为企业缩短时间,降低制度性交易成本为主。③ 目前上海的"单一窗口"虽然实现一口式对外办公,但距离部门一体化办公仍然存在很大的距离,便利化效果仍不够显著。

(五) 监管信息共享平台初步形成,但信息全面性、准确性有待提高

目前,虽然上海三大信息共享监管运作平台已初步形成,但信息全面性、准确性有待提高。一是平台反映企业经营状况的信息比较单一,信息的准确性和全面性还需大幅度提高。二是由于信息的准确性和全面性不足,导致信息质量不高,从而信息的使用频率也不高。三是各个监管部门如海关、检验检疫、市场监督管理、税务、公安司法机构的监管信息平台对接和融合度不足,信息平台的整合和共享应用问题仍然存在。

(六) 假冒伪劣和收费现象仍然存在,提高了企业运行成本

随着简政放权的改革,"红顶中介"等中介服务收费现象得到大幅度改善,

---

① 陈建华.上海自贸试验区事中事后监管制度创新研究[C]//上海浦东发展报告,2017.
② 陈媛媛,杜睿.新加坡单一窗口建设经验对我国的启示[J].消费导刊,2016(03).
③ 沈桂龙,张晓娣.上海自贸试验区投资管理创新:三周年总结评价及下一步展望[C]//上海经济发展报告,2017-2.

知识产权保护和反垄断审查制度改革，查处了一大批假冒伪劣厂商和垄断企业，降低了企业的运行成本，但假冒伪劣和收费现象仍然存在。一是产品生产后，需要送到相关部门检测，于是出现了普遍存在的检验、检测、检定、检疫等种类繁多、重复送检、收费现象，同时存在较多的隐形收费。二是不少假冒伪劣屡打不绝，不少违法行为由明转暗、由集中转为分散，假冒伪劣商品泛滥的局面还未从根本扭转。三是小企业在市场竞争中受到不公平对待而承担了相对机会成本。例如，小微企业在申请财政奖补资金、贷款时往往处于不利地位，由于很难达到相关指标，获得相关资金的难度较大。四是上海的市场化改革取得了很大的进展，提升了国民经济的整体效率，但在电力、电信、金融、天然气等领域还存在较高的制度成本。特别是上海作为我国金融中心，金融行业存在高门槛和高垄断性。

三、上海事中事后监管问题的深层次原因分析

（一）企业信用信息来源单一，信用应用体制不完善

受传统理念更新不到位、制度设计不完善、信用监管模式衔接不顺畅等因素影响，目前信用监管相关部门协同监管意识不到位，制度设计和平台建设水平参差不齐问题突出。一是信用信息归集制度不健全，涉企信用信息数据归集程度不高、数据来源范围较窄，主要以注册登记、行政处罚、异常目录、严重违法失信"黑名单"、随机抽查结果为主，缺乏网络监管、消费维权、商标广告监管等业务条线重要监管数据。二是信用信息核查应用制度不完善，跨地区、跨部门、跨领域联合激励与惩戒机制尚未完成。企业信用信息并未作为各监管部门实施行政管理的必要参考和配置公共资源的重要依据，失信联动惩戒缺乏应用制度保障，失信成本低守信成本高，长此以往将会导致劣币驱逐良币的市场机制失灵现象。三是制度宣传不到位，企业信用查询与应用的社会氛围尚不浓厚，信用监督的社会共治效用远未发挥。[①]

（二）监管机构职能不够明确，监管缺乏针对性、层次性

一是由于政府职能部门之间职能边界不够明确，各个机构之间在综合监管格局中无法找到自己的正确定位和职能，导致市区两级机构、监管机构之

---

① 陈吉利.创新事中事后监管模式打造营商环境新高地[J].中国市场监督研究，2017(08).

间、监管机构和其他职能机构之间没有形成良好的协同监管能力。二是"一口式"对外办公与"一体化"办公相差甚远。尽管政府部门职能机构利用网上政事大厅初步实现一口式对外办公,但是距离部门一体化办公仍有一段距离。三是由于利益格局重新协调难度大。事实上,当前各监管部门均有各自的电子系统,但由于涉及的收费机制和利益格局需要重新协调,难度较大,导致无法实现一个系统办公。四是缺乏对监管对象进行差异化分级。监管机构依托"大数据"平台,然而对大量的企业信用数据资源未得以挖掘分析和盘活应用,市场监管策略缺乏科学的数据支撑。一方面,"双随机"抽查对象选取泛而不专,缺乏对监管对象进行差异化分级,"一刀切"的随机抽查模式,使得大量分散的违法行为主体成为"漏网之鱼",监管精准度较低;另一方面,监管方案制度不科学,对重点领域与消费投诉高发行业、地区的定向抽查规划较少,监管资源调配不合理。①

(三)"宽进"背景下"严管"难度大

商事制度改革以来,市场准入门槛大幅降低,市场主体数量呈现"井喷式"增长,一线监管力量薄弱与监管任务繁重之间的矛盾日益凸显。在新技术、新产业、新业态和新模式对上海的事中事后监管提出了更好的要求,市场交易复杂程度高、消费维权难度大,这不仅对基层监管数量提出了挑战,而且对基层人员综合执法能力提出了高要求。一是随着行政审批的放权和市场监管体制的改革,在干部总数没有增加的情况下,由于上级部门及各方对市场监管提出了更高的工作要求,数十项监管职能下沉基层。在市场监管对象量大面广、业务复杂、风险性较高的形势下,基层监管任务日益繁重。执法人员要对同一市场主体进行多项监管和处罚,完成不同部门的培训、汇报、考核,工作难度和压力倍增,工作效率难以提高。二是基层人员综合执法能力欠缺。目前大部分执法人员不同程度地存在知识结构不匹配、专业能力不适应新情况、监管能力亟待提高等问题。三是基层执法队伍还存在较大的专业人才缺口。食品药品监管、特种设备监管、执法办案等工作,都具有较强的专业性。而随着改革后各条线监管覆盖面和力度要求的加大,现有专业人才队伍存在较大的缺口,将未接触过某项专业业务的执法人员培养成合格的执法干部,需要一定的时间。不少执法干部面临着从改革前单一的业务执法

---

① 陈吉利.创新事中事后监管模式打造营商环境新高地[J].中国市场监督研究,2017(08).

转型为综合业务执法等现实困难,一定时期内必然存在业务能力不适应的问题。①

(四) 数据共享融合进展困难,数据平台建设存在障碍

统一的国家信息平台虽已基本建成,然而部门间各涉企信息平台还未实现共享对接,"数据孤岛"问题仍然存在,部门之间联管联动难度大。政府决策多带有全局性,作为辅助决策的大数据分析需借助多部门、多领域的关联数据。然后政府机构之间数据共享仍然存在问题。一是各个机构电子政务在建设初期、建设主体、业务领域的不同,导致业务数据标准格式不统一,系统异构、数据异构导致政府在数据管理过程中面临着数据割据,涉企收费机制和利益格局也导致部门间联管联动难度大。二是政府部门条形化、层级化衍生出数据保护主义,从而出现了从"信息孤岛"走向"数据孤岛"的问题,信息壁垒尚未打破。② 除了数据融合导致数据不够全面,数据信息平台建设存在障碍,还有系统内部信息数据来源范围较窄,与重要业务线平台对接不到位等问题。此外,信息公示平台的模块功能单一,缺乏诚信企业模块、企业信用分级分类及预警信息发布等重要功能,仅通过平台查询结果不能反映企业信用全貌,对市场交易方参考价值不高。

(五) 政府打击假冒伪劣、反垄断审查力度不足

企业进入市场后,因市场公平性竞争无法保证,企业不得不为了维护自身利益、维护自身权益,支付一定付费,从而导致成本上升。一是由于市场交易不公平和市场保护机制不完善,使企业的打假成本、维护成本较高,影响了企业的投资和创新热情。二是由于市场竞争公平性环境建设力度不足,小企业在市场竞争中受到不公平对待而必须承担一定的相对机会成本。三是由于垄断行业的高门槛,一些民营企业被排除在垄断行业之外,造成了市场竞争的不公平,不仅影响了这些企业的发展,而且造成资源配置的扭曲。四是市场价格机制不够健全,垄断行业的存在导致资源配置扭曲,市场价格缺乏健全的矫正机制,导致垄断行业价格虚高,增加了相关企业的运行成本。

---

① 沈开艳.浦东新区市场监管体制改革三年实践评估报告[R].上海社会科学院,2017.3.
② 梁建新.基于大数据时代的地方政府管理创新研究[J].经营管理,2017(11).

四、加强事中事后监管,降低制度性交易成本的政策建议

(一)优化机构设置,推进部门协同监管

一是明确政府的监管职能,建立政府部门的权力清单与责任清单制度,健全部门协作机制。应当注意政府机构的系统集成,提高部门之间的协调水平,根据"谁审批、谁监管,谁主管、谁监管"的原则,确保事有人管、责有人负,形成全方位覆盖的事中事后监管体系与格局。二是完善综合执法体制,通过政府部门间相同或相近执法职能的整合,优化机构设置,归并执法机构,统一执法力量,提高监管能力和效率,促进行政与司法相衔接。三是增强政府各部门的行政管理协同能力,形成分工明确、职责清晰、沟通顺畅、齐抓共管、高效快捷的政府监管体系与机制。四是加强政府部门"条块"之间的协调,防止职能部门各自为政与多头管理状况的发生,对政府职能部门简政放权不同步、监管机制不健全、监管手段不完善和监管合作联动不积极等问题实行针对性的措施,促进各个政府职能部门各司其职又相互联动,形成一个有机的整体,形成纵横联动与快速处置的动态监管体系与机制。这需要通过制度来保障部门之间的协作并能起到刚性约束作用。应当以制度为依据,以监管信息平台为技术支持,实现上海各职能监管部门信息的互通和共享,加强部门间的协同监管与合作,促进综合执法,增强监管合作,形成跨部门联动反应、综合执法与信息互通的监管机制。①

(二)加快政府职能转变,深化政府机构改革

行政机构改革是以政府职能转变为重心的社会、政治、经济等全方位改革的一种进程,因此,在推动改革的进程中,除了政府职能转变外,还需要其他相应配套制度的同步改革,只有这样才能保证政府机构改革的真正实现。

1. 深化干部人事制度改革

紧紧围绕推进政府职能转变的时代要求,努力探寻深化干部人事制度改革的目标定位、科学内涵、实践要求和推进重点。一是盘活干部存量。以"事"为网格,将每一位干部都置身于一个网格之中,以事定人、人事结合,进而调整安排干部,达到人岗适配的目标。二是用好干部流量。对在岗不在位、在位不

---

① 陈建华.上海自贸试验区事中事后监管制度创新研究[C]//上海浦东发展报告(蓝皮书),2017(02).

履职、履职不尽责的干部,坚决做到该调整的调整,该免职的免职,实现"有为才有位、有位必有为、无为就退位、乱为要追责"的干部人事管理目标。三是严把干部增量。"问渠那得清如许?为有源头活水来。"唯有严把"入口关",才能为行政干部队伍输入优质的"新鲜血液"。

2. 加快事业单位分类改革

理顺政府部门与事业单位间的运行关系,推进事业单位分类改革和规范管理。(1)推动事业单位独立法人改革。在承认事业单位、政事关系多样性的基础上,在法人型事业单位逐步建立以理事会为中心的、不同于公司企业的法人治理机制。(2)探索政府向事业单位购买服务的手段。以事业单位分类改革为前提,探索构建一种既能够保证服务成本效益和程序公开透明,又能合理地兼顾依赖关系的购买模式。(3)构建事业单位与政府、其他服务机构的合作伙伴关系。明确事业单位与政府间为合作伙伴关系,事业单位与其他公共服务机构间为竞合关系。

3. 推进公务员社会保障改革

现在公务员社会保障主要存在两方面失衡:公务员社会保障水平与我国当前的经济发展水平失衡,公务员社保制度与整个社会的保障制度发展失衡。改革总体目标和方向应该是:以一个统一的覆盖整个社会的公平保障体系为依托,建成资金来源多元化、保障制度规范化、管理服务社会化的公务员社会保障体系。

4. 加强法制建设和立法保障

习近平总书记强调"凡属重大改革都要于法有据"。为杜绝机构改革"怪圈"的反复出现,保障和巩固已有改革成果,维护和支持政府机构改革的顺利进行,必须重视法制建设和制度建设。一是应健全政府组织法,以法律条文明确规定政府机构的性质、任务、职责、权限、机构设置、人员配备及机构成立、变更、撤销等程序,实现政府机构职能的法定化;二是出台政府编制法,构筑政府机构改革的法律框架,实现政府机构编制法定化,强化"法定职权必须为"、"法定职责必须为"的理念。三是制定适合国情的行政程序法,促进政府依法行政,提高行政效率,使政府成为精简而高效的法治政府。

(三) 加强人才队伍的建设,提升监管能力和服务能力

事中事后监管与对企业的服务应当是有机统一的而不是对立的,政府职能部门和社会方面应当坚持监管、监督与服务的统一,为企业提供良好的服

务,从而降低企业的制度性交易成本。执法干部的活力、能力,是市场监管优化整合的根本保障。一是针对"四合一"后的队伍现状和履职需求,加快市场监管部门的文化融合和能力建设,全面提升队伍凝聚力、执行力、战斗力。二是加强市场监管人才队伍建设,加强培训学习,不断提高监管能力和风险防范水平,不断增强基层执法人员的综合执法素质,增强基层执法人员的责任心和工作积极性。事中事后监管需要综合监管与专业监管相结合,需要从事监管的公务人员具有相关的知识和法律常识,具备应有的行业监管素质与法律准备,提高监管的业务素质。三是完善执法人员的培训机制,提高人员的专业能力和综合素养。特别对原部门中专业性、技术性较强的职能,要依托"微信群"指导平台、业务处(科)室"对口联系基层"机制等,加大专项培训和实时指导力度,缩短基层人员对新业务的适应时间。四是进一步完善人员的激励机制,积极推进公务人员绩效管理制度改革,建立科学完善的提拔机制。制定人才发展规划,健全人才培养、选拔、任用制度,进一步激发基层执法人员的工作积极性,实现改善公务员队伍结构和提升监管能力有机结合。

(四) 吸取国际单一窗口建设的主要成功经验

深化单一窗口建设,争取国家部委和上海市政府各部门开放其业务受理系统与单一窗口的数据接口,是进一步完善以投资便利化为重点,降低上海制度性交易成本的重要内容。一是建立跨部门的领导机构。单一窗口的建设需要政府的决策部门制定一个强有力的主办机关在不同机构间进行协调与控制——其需要取得法律授权,有足够的政治支付、财政与人力资源,有与其他政府机构的合作界面,并能与商界保持紧密联系,主要负责领导、执行计划并对各个阶段的情况进行监管。二是分步实施、以点带面、从易到难。新加坡单一窗口建设中的每一个环节的目标都很明确,每个环节的建设都是以前一个环节为基础的,带来的经济效益和社会效益不断增大,并都紧紧把握住了单一窗口的核心内涵,即满足政府部门和企业的需求,在成本逐渐降低的情况下,使相关利益方享受到更大的便利。三是选择可行的商业模式以确保平台可持续发展。新加坡 Tradenet 贸易网和 Trade Xchange 商贸通的建设及运营单位为第三方中立企业——劲身逻辑有限公司的前身"新加坡网络服务私人有限公司(SNS)",其兼顾了各利益相关方,又不隶属于任何共建部门。[①]

---

① 刘恩专,王伟.浅析新加坡单一窗口建设对我国的启示[J].科技管理研究,2014(24).

(五) 创新监管理念和方式,注重监管和服务的有机结合

为了应对审批取消带来的安全监管模式变化,要进一步创新市场主体事中事后监管方式,推动市场监管信息的共享。充分利用"互联网+"、云计算等现代高科技信息技术,构建以企业诚信为评价内容的监管体制。一是通过构建企业信用信息公示系统和风险监测预警系统,全面客观地评价企业的经营情况,并将评价信息及时向社会公布。通过建立监管部门信息共享机制,实现监管信息互联互通,为提高监管效能,建设具有协同监管能力、风险预警有效的事中事后综合监管体系提供保障。① 二是建立和完善监管信息共享数据平台。改变过去政府各自为政与数据孤岛的弊端,实现高效、透明与便捷的信息共享与监管。统一信息标准,进一步整合各部门之间的信息资源,实现信息共享。运用现代信息化技术与手段,创新监管的方式与手段,积极利用"互联网+"和大数据等现代化信息技术,促进监管更为便捷化、快速化和动态化。三是继续完善推进上海网上政务大厅、综合监管平台和公共信用信息服务平台三大基础设施建设,提高协同的部门条线管理以及"一站式"企业网上办事的网络信息功能,提高数据质量、可靠性、稳定性与权威性,促进数据能更多地反映企业经营全貌,增加平台的使用覆盖面。四是相关政府部门要充分运用"互联网+监管"依托"大数据"平台,根据日常管理情况对企业进行风险评级,依据不同的评级结果采取差异化管理;同时将监管情况纳入诚信管理机制,对违规企业进行公示,并列入重点跟踪名单,对企业进行重新评级。创新评级方式才能实现从单一化评级向多元化的转变,鼓励和促进企业进一步加强安全主体责任的落实;强化事中事后监管,监管检查才能由"汗水型"转向"智慧型"。五是构建守信联合激励和失信联合惩戒大格局。针对不同的市场主体建立守信联合激励备忘录和不同领域的失信联合惩戒备忘录,制定配套的联合奖惩措施,同时政府各部门建立各领域的红黑名单及其管理办法,针对联合奖惩措施落地见效,使得守信主体获得优惠便利,提高违法失信成本。

(六) 强化市场价格事中事后监管,构建涉企收费长效机制

一是强化市场价格事中事后监管。积极探索市场化、法制化的价格监管

---

① 沈开艳,陈建华,文雯.供给侧结构性改革与上海"三去一降一补"问题研究[C]//上海经济发展报告(蓝皮书).北京:社会科学文献出版社,2017.

模式,对部分放开领域第一时间跟进开展有针对性的监督,营造良好的市场价格环境,维护市场价格秩序。二是加大反垄断执法办案力度。对集装箱运输、港口、化工原料、造纸等领域的垄断行为,加大查处力度,依法开展反垄断调查,并对违法企业进行严厉惩罚,从而降低企业的成本负担。三是持续开展价格收费检查,助力供给侧结构性改革。价格主管部门按照"清理与规范相结合、清理与查处相结合、清理与减负相结合"和"双随机、一公开"的要求,对行政审批中介服务、行业协会商会、进出口环节、金融等领域开展重点检查,严肃查处各类违法违规收费行为,积极构建涉企收费监管长效机制。① 四是推行"双随机一公开"的监管方式,提升价格监管效率和效能。根据价格监管方面的政策意见,对医药、商品房等重点领域实施"双随机一公开"的监管方式,有针对性地确定抽查范围和目标、抽查事项清单和机制、抽查比例和频次等。

(七) 持续跟踪监管活动效果,加强监管影响评估制度建设

为更好地促进政府监管部门定期履行监管活动,系统评估监管执行结果质量,必须逐步建立科学完善的监管影响评估的制度。一是建立规范的规章制度,设定相对明确的监管质量标准,从而为评估工作设定一个相对清晰、客观的评价尺度。二是政府部门设置一个专门机构负责"监管效果与影响评估"工作,推动评估工作走向制度化和常规化。三是进一步推动第三方评估机构参与对重大监管措施的影响与效果进行系统科学评估,由传统的经验判断型向现代化的科学评估型转变,实现监管领域不断向高端延伸。三是科学运用相关的制度规范和条款,为重大监管政策、标准或制度等设定退出机制。②

---

① 国家发展改革委.放管服改革向纵深推进,事中事后监管持续强化[N].中国经济导报,2017-09-26.
② 陈奇星.强化事中事后监管:上海自贸试验区的探索与思考[J].中国行政管理,2015(6).

第五篇　上海降低制度性交易成本之优化政府服务研究

2017年6月13日,国务院召开全国深化简政放权放管结合优化服务改革电视电话会议,标志着"放管服"改革进入到新阶段。本部分尝试从上海市"放管服"改革,特别是"优化服务"方面的推进情况入手,在对上海市"放管服"改革的现状进行分析的基础上,提出进一步深化改革的政策建议。

一、优化政府服务与降低制度性交易成本

(一) 优化服务与降低制度性交易成本的关系

1. 优化服务的重要目的是为了实现制度性交易成本的降低

"放管服"改革作为宏观调控的关键性工具,既为企业"松了绑",为群众"解了绊",为市场"腾了位",也为廉政"强了身","降低制度性交易成本"是"放管服"改革要解决的重要问题,也是政府优化服务的重要目的。

上海市政府一系列优化服务的措施,如建设"互联网＋政务服务",是为了适应互联网时代经济社会发展需要,按照依法行政、规范服务、提高效率的要求,加快推进政府职能转变,推动政府管理和服务与互联网深度融合,整合各部门政务服务资源,优化服务流程,形成服务合力,也是为了加快构建多级联动、规范透明、资源共享、业务协同的网上政务服务体系,全方位推动"大众创业,万众创新"。大幅度简政放权之后推进的一系列配套措施,既能促进政府部门依法行政,依法规范权力运行,又能让公众知情和实施更加有效的监督,让权力在阳光下运行,有助于预防腐败,提升政府形象。推行权力清单制度,要按照依法科学、全面梳理、重心下移、精简权力的原则,依据现行法律法规,对政府部门行使的行政许可、行政征收、行政处罚等各类行政权力事项进行全面梳理并审核确认。通过梳理权力清单,摸清政府行政权力分布、结构等权力"家底",界定权力边界,从数量和质量两个方面打通简政放权的"最先一公里"

和公共服务的"最后一公里",做到为群众办事生活增便利。

2. 各行业降低制度性交易成本的实现要依靠优化政府服务

各行业降低制度性交易成本的实现都要依靠优化政府服务。以上海市质量技术监督局为例,该部门自2015年开始依托自贸区改革,降低制度性成本、推动食品相关产品生产许可审批制度改革。华东政法大学政府法制研究院作为第三方评估机构,对该项改革工作进行了全面评估。数据显示:2016年前三季度,50余家企业已享受审批改革所带来的制度性成本降低,节省了时间、人力、经济成本。50余家企业中包括实地审查在内的许可全过程,平均办结时间减少为22.5个工作日,比法定的60日时限缩短三分之二;30余家延续换证企业获得实地核查免除、直接发证的政策实惠;40余家企业获得发证检验报告免除的实惠。

另外,2013年至2017年,上海已分11批累计取消和调整行政审批等1 546项,其中取消518项、调整1 028项。同时,优化产业项目行政审批流程,推进产业项目审批期限实现"在法定时间的基础上压缩三分之一",有效降低了制度性交易成本。在全国率先开展"证照分离"改革试点,率先完成行政审批评估评审清理,已累计取消评估评审185项,优化简化86项。率先开展了行政审批中介服务清理改革,有些改革举措已被国家有关部委直接采纳并在全国推行。

(二)通过优化政府服务来降低制度性交易成本的价值和意义

降低制度性交易成本,能够减少政府对企业经营的干预,有效激发企业活力,增强企业创新能力和竞争力,提高供给质量和效率,改善供给结构。从效果上看,上海市一系列优化政府服务的措施,自上而下地推行行政审批制度改革,简政放权、放管结合、优化服务,可以明显降低制度性交易成本。从根本上看,政府科学厘清权力边界,真正转变职能,改革机构,政府由"全能政府"向"有限政府"蜕变,真正实现政府的"瘦身"。通过建立政府权力清单和责任清单,在审批事项取消下放的同时,撤销或调整相关机构和职能,将原审批机构的工作重心转向本行业发展战略、发展规划、相关政策和行业标准的制定和实施。通过还权于市场、社会和地方,最大限度地激发各类市场主体的创新创造活力,不断完善市场准入负面清单,逐步实现"法无禁止即可为",将真正长期有效做到降低制度性交易成本。

二、上海市政府的特色举措和成绩

(一)"互联网＋政务服务"工作总体水平居全国前列

1. 主要工作机制

上海市"互联网＋政务服务"工作起步较早,一直走在全国前列,建立了比较高效的工作机制,形成了比较完善的支撑体系,推动了政府服务管理效能的明显提升。

2017年1月,上海市发布《本市落实〈国务院关于加快推进"互联网＋政务服务"工作的指导意见〉工作方案》,推出了4大类17个方面45项具体举措。方案还明确提出,到2017年底前,要建成全市统一的网上政务"单一窗口",全面公开政务服务事项,拓展行政审批、办事服务、事中事后监管、公共资源交易等各类政务服务,推动信息资源整合共享和数据开放利用,初步实现线上线下政务服务一体化联动;到2020年底前,将实现互联网与政务服务深度融合,建成全市联动、部门协同、一网办理的"互联网＋政务服务"体系,积极开展跨部门、跨层级的协同应用,实现政务服务的智能感知、主动推送和个性化服务,进一步提升服务能级,让企业和群众办事更方便、更快捷、更有效率。

2017年8月,上海成立政务公开与"互联网＋政务服务"领导小组,由上海市市长应勇担任领导小组组长,常务副市长周波担任常务副组长。将政务公开与"互联网＋政务服务"两项工作统筹推进,成立领导小组,在省级政府层面是第一家。同时,该项工作也已经纳入上海市管党政领导班子绩效考核体系。

2. 特色举措及成效

(1)特色举措之一:"一网一云一窗"体系

目前,上海市已基本形成了"一网(政务外网)、一云(电子政务云)、一窗(网上政务大厅)、三库(人口、法人、空间地理信息库)、N平台、多渠道"的支撑体系。网上政务大厅是上海市网上政务服务"单一窗口"。政务信息资源共享共用取得一定进展,已基本实现网上政务大厅与区行政服务中心、街镇社区事务受理服务中心的三级业务线上线下一体化联动,成为政府公共服务的重要载体。审批事项100%接入网上政务大厅,服务事项逐步向网上汇集。市级部门785项审批事项、16个区共6 500项区级审批事项、240余个市级服务事项、3 000余个区级服务事项全部接入网上政务大厅。网上办理深度进一步深化,市级网上政务大厅已有100个审批事项实现"全程网上办理",区级大厅已有

700余个审批事项实现"全程网上办理"。此外,上海还在推动政务资源共享开放。目前已经累计向社会开放数据资源超过1 200项,基本覆盖上海各市级部门的主要业务领域。

(2) 特色举措之二:"全网通办"

所谓"全网通办",就是以往企业必须上门面对面才能完成的审批服务,现在通过互联网＋政务服务的有机融合,使得企业可以"网上全程一次办成、网上申报只跑一次"。作为上海网上政务服务"单一窗口",网上政务大厅已基本实现网上政务大厅与区行政服务中心、街镇社区事务受理服务中心的三级联动。目前,市级网上政务大厅已有100个审批事项实现"全程网上办理",各区级大厅共有700余个审批事项实现"全程网上办理",自2015年11月上线以来,已累计网上办理事项1 000余万件。2017年4月27日,企业市场准入"全网通办"在浦东新区正式启动运行。此举意味着,浦东进一步深入推进政府职能转变,深化提升政府治理能力,全力打造"三全工程"收获阶段性成果。包括金融贸易、食品药品、卫生和文化等14个部门在内,目前浦东和自贸区涉及企业市场准入的营业执照及各类许可证共104个区级审批事项,已全部提供"全网通办"服务。其中,74个事项实现"网上全程,一次办成",30个事项实现"网上申报,只跑一次"。

(3) 特色举措之三:一站式"互联网＋"公共服务平台

2017年年初,上海市政府启动了一站式"互联网＋"公共服务平台实事项目。截至2017年9月底,这个名叫"市民云"的公共服务平台,已完成三金个税查询、机动车违章查询、健康档案查询、交通路况播报、公交车到站提醒等共76项便民服务,实名注册用户数达到724万人。平台预计年内为600万以上的实名注册用户提供个人信息、医疗卫生、交通出行、社会保障、社区生活、旅游休闲等六大类100项以上的公共服务,建设一个汇聚全市智慧城市建设成果的"总入口"。与此同时,该项目还建成了一个统一的身份认证体系,可以提供上海全市自然人和法人的统一身份认证服务。2017年上海市税务局在实名办税业务中全面使用了该平台,为300多万涉税人员完成实名认证,网上政务大厅、市民云、诚信上海App等也通过该平台完成了近400万人次的身份认证服务。今后,市民可通过包括身份证、手机号、银行卡、支付宝、公安EID、社保卡、公积金账号、人脸识别等11种线上认证方式,以及社区事务受理中心、社保中心的线下认证方式进行身份验证,经过一次认证实现政府办事的一次注册、跨部门使用。①

(4) 特色举措之四:"联合检查"求得监管力量的最大合力

"联合检查"则是借助"双随机"的一种"升级版"协同监管方式,即检查对象和检查人员同样由电脑选出,最大程度确保公平性,检查的部门不局限于一个部门,而是由多个部门组成一个联合检查组,检查的事项不仅是一个部门的事项,而是涵盖了多个部门的多种事项,可谓"一张表、多种检查事项;一次检查、多个监管部门"。联合检查对监管部门和市场主体而言都具有重要意义。监管部门可集中监管力量、形成监管合力、提高监管效率。市场主体可免受"多头执法"、"重复执法"的困扰,减轻负担。这样的高效、公平监管正是建立在2016年8月15日上线运行的上海市静安区事中事后综合监管平台之上的。上海市静安区监管平台以数字化、"互联网+"的思维和技术手段,成为深化商事制度改革、加强事中事后监管的排头兵、先行者。该平台主要包括三大功能,分别是信息共享、信息归集和监管措施。

上海市静安区监管平台上线运行以来,在28个部门的监管实践中获得应用。截至2017年9月5日,有30个部门、1 637个用户使用平台的各项功能。平台已归集行政许可数据48 483条、行政处罚数据10 740条、抽查检查数据4 091条。各部门已接收双告知信息11 336条、反馈5 347条。

(二) 推动"大众创业,万众创新"初步形成可复制可推广经验

1. 主要工作机制

2015年3月,以建设具有全球影响力的科创中心为主要目标的"创业浦江"行动计划在上海发起,该计划要求在未来5年内,聚集各类科技创业者20万人,培育具有全球或区域市场领袖的创新型企业、科技小巨人企业超过3 000家,吸引备案天使投资人超过3 000人、机构式天使投资和创业投资基金超过100支,从而使上海成为我国创业"养分"最充沛的区域。同时,近40家创业服务组织共同发起成立了上海众创空间联盟,这是全国首个区域性众创空间联盟,也将成为上海新型孵化器资源共享、交流合作的平台。

2016年2月,上海市发布《简化优化公共服务流程方便基层群众办事创业工作方案》,推出11个方面的具体措施,并明确提出要围绕"最大限度精简办

---

① 胥会云.上海"互联网+政务服务":窗口只跑一次,服务入口只需一个[EB/OL]. http://www.yicai.com/news/5351731.html. 2017-09-29/2017-10-25.

事程序、减少办事环节、缩短办理时限",全面清理规范政府部门、国有企事业单位、基层组织、中介服务机构、社会组织等提供的公共服务和管理服务事项,为基层群众提供公平、可及的服务,更好地推动大众创业、万众创新。

2016年11月,上海市又发布了《关于全面建设杨浦国家大众创业万众创新示范基地的实施意见》,力争通过3—5年系统推进示范基地建设,集聚资本、人才、技术、政策等优势资源,探索形成区域性的创业创新制度体系和经验。到2018年,全面建成高水平的示范基地,营造更有效的鼓励创新、宽容失败的良好创业创新生态环境,发展壮大一批在新兴产业领域具有领军作用的创新型企业,为培育发展新动能提供支撑。到2020年,在政府管理服务创新、创新资源市场配置、公共服务平台构架、产学研用相结合的技术创新体系等方面,形成制度体系和积累经验,引领辐射长三角区域的创业创新发展,创业创新走在全国前列。努力建成上海具有全球影响力的科技创新中心万众创新示范区。

2. 特色举措及成效

(1) 特色举措一:"自贸区"改革试点

一是"证照分离"改革试点。"证照分离"改革一直是上海加快政府职能转变的"先手棋",是深化"放管服"改革,改善营商环境的"组合拳",为激发市场主体活力产生了重要作用。"证照分离"改革试点2015年在浦东新区率先开展,成效明显。2016年浦东新增各类市场主体较2015年末增加17.4%。2017年9月6日,"证照分离"改革试点经验在其他10个自贸试验区和具备条件的国家级自主创新示范区等近400个地区进行复制推广。[①]为进一步加大上海自由贸易试验区"证照分离"改革试点力度,浦东新区"企业开业地图"于2017年11月1日正式上线试运行,该地图将针对企业开业提供"一站式"服务,对办理事项进行"一键导航"。"企业开业地图"是浦东新区"证照分离"改革深化实施在审批服务模式方面的创新,是依托浦东新区网上政务大厅,建立的覆盖国家、市、区三级企业市场准入审批事项的一站式在线查询办理平台。

二是口岸"单一窗口"建设试点。自2014年6月起,上海口岸试行"单一窗口"建设,将海关、出入境检验检疫、海事、边检等部门的"同类项"合并,通过"一个平台、一次递交、一个标准",优化模式,力争大幅降低进出口企业的报

---

① 缪璐. 上海自贸区证照分离出新招为企业开业一键导航[EB/OL]. http://finance.sina.com.cn/roll/2017-11-01/doc-ifynmnae0999510.shtml. 2017-11-01/2017-11-27.

关、报检成本。根据2016年年底的相关数据,上海口岸平均月进出商船3 000多艘次,吞吐货物3 000多万吨,95%的国际货物贸易和100%的船舶申报都经由"单一窗口"完成,受益面和认可度得到较大范围的认可。目前,上海"单一窗口"经验已经在十多个省市口岸复制。2017年2月13日召开的2017年上海口岸工作领导小组会议讨论审议了《上海国际贸易单一窗口(2017—2020年)深化建设方案(征求意见稿)》。方案提出,上海将争取到2020年,建设成为符合构建开放型经济新体制要求的具有国际先进水平的国际贸易单一窗口,全面覆盖口岸执法和贸易管理,全面纳入各类许可和资质证明,全面贯通口岸物流环节,全面实现信息互换共享,全面拓展服务贸易和自贸区功能创新业务,全面完善区域通关与物流应用功能,实现与国际上单一窗口互联互通,成为国际贸易网络的重要枢纽节点。

(2) 特色举措之二:"创业浦江"8大行动

一是"全城创客"行动,打造全球创客最佳实践城市。二是"创业启明"行动,发展建设一批创业学院。三是"便捷创业"行动,优化全市各类众创空间的空间布局和平台服务。四是"安心创业"行动,强化科技金融对创业的支持力量。五是"专精创业"行动,大力扶持以技术转移为代表的科技服务业创业。六是"巅峰创业"行动,支持创业企业的持续创新发展。七是"点赞创业"行动,大力弘扬勇于创新、无惧失败的创业文化。八是"创业共治"行动,优化城市创业生态系统。

(3) 特色举措之三:"众创空间"

根据2015年6月发布的《上海市工商行政管理局支持众创空间发展的意见》,鼓励社会力量、民间资本参与投资、建设和运营众创空间、创客空间、创业孵化器等各类创业孵化服务机构(统称"众创空间"),为各类创业创新主体提供更多开放便捷的创业创新服务平台。

截至2017年9月底,上海全市众创空间已超过500余家,其中创业苗圃有100家、孵化器有159家、加速器有14家,创客空间等新型创新创业组织有250余家;在孵科技型中小企业有16 000多家;培育出分众传媒、华平、微创等为代表的上市企业142家。

同时,上海市科委于2017年初推出了"创新创业服务能力提升计划",明确开展众创空间"专业化、品牌化、国际化"培育工作,通过市区两级政府部门共同扶持,引导一批有基础有条件的众创空间发展壮大,以运营模式、服务能力、服务业绩和孵化成效引领示范上海众创空间发展,形成差异化竞争趋势。

2017年9月，上海市科委宣布，首批32家众创空间纳入"三化"培育名单。

（三）为群众办事生活增便利

1. 主要工作机制

2017年9月发布的《2017年上海市深化简政放权放管结合优化服务改革工作方案》专门就"为群众办事生活增便利"提出9项重点举措。一是全面推进当场办结、提前服务、当年落地"三个一批"改革；二是持续深化"减证便民"工作；三是大力提升与群众生活密切相关的公用事业服务质量和效率；四是推进智能化审批；五是推进智能化监管；六是推进智能化服务；七是展开政府效能评估；八是推进行政协助；九是改进窗口服务。

2. 特色举措及成效

（1）特色举措之一："三个一批"改革

2017年8月，《上海市当场办结、提前服务、当年落地"三个一批"改革实施方案》向社会公布，"三个一批"改革范围涵盖全市政府机关及中介服务机构和社会组织。

"当场办结一批"改革指当场作出决定并送达相关文书；对群众和企业，办事部门能做到当场办结的，当场盖章，制作文书；无法当场办结的，办事部门要在规定时间内缩短30%办结。"提前服务一批"改革指在群众和企业正式提出办事申请前，办事部门根据办事内容，依据相关法律法规等，提供现场勘察、现场核查、检验检测、技术审查等服务，让群众和企业办事少走弯路，少走回头路，少走冤枉路。"当年落地一批"改革包括项目当年开工开业和项目当年竣工验收，在排查企业因素以及政策调整或自然条件变化等因素的情形下，办事部门对已取得建设用地批准书等申请的、未开工开业项目实现当年开工开业，推进已具备竣工验收条件的、未竣工验收项目实现当年竣工验收。

《上海市当场办结、提前服务、当年落地"三个一批"改革实施方案》历时8个多月的调研，在充分总结历年来改革工作经验教训的基础上，反复征求企业、市民、群众、政府部门等方方面面的意见、建议，围绕政府有紧迫感、群众有获得感、企业有满意感的多方共赢目标，倒逼政府部门进一步加大改革力度。为确保"三个一批"改革落地见效，上海市制定了推进行政权力和政府服务标准化建设，依托互联网深化行政审批制度改革，优化产业项目行政审批流程等10项措施，市政府同时出台《上海市政府效能建设管理办法》，对政府工作人员履职行为进行刚性约束。

(2) 特色举措之二:"全行业"便民服务举措

近年来,上海市公共交通、公安等各条线的政府部门先后推出一系列便民利民举措,受到群众广泛好评,其中以公安部门出台的多项便民服务举措最为典型,具体包括:

2014年推出十项便民利民措施,包括:增设微信出入境证件办理、微信道路交通违法信息查询、上网安全服务微信公众号、微信上海机场办事指南功能;在浦东、徐汇、长宁、静安、闸北、杨浦、闵行、松江等区境外人员聚居社区、三资企业集中入驻工业园区,增设9家境外人员服务站,为在沪境外人员提供临时住宿登记申报、签证预受理、法律咨询等服务;提供机动车5起以上交通违法未处理短信提示告知服务;提供机动车网上预约验车服务;简化本市消防设计审核、消防验收及其备案的申报资料;推出青少年安全上网助手软件;提供网站安全体检服务;在轨交车站接报走散人员求助;取消《居民户口簿》30天报失期限;进一步方便办理口岸签证,在闵行、嘉定、金山等分局出入境管理办公室增设外国人口岸签证"预受理"及"代转申请"业务;在静安、宝山、青浦等分局出入境管理办公室增设外国人口岸签证"代转申请"业务。

2016年推出43项便民利民和服务经济社会发展的新政策、新举措。以"阳光警务"举措为例,为了让公平正义"看得见"、"摸得着",上海市公安局依托上海公安门户网站构建了市局、分局、基层派出所三级"阳光警务"大厅群,通过"互联网+执法公开"新模式,公开执法依据、晒出执法过程,让权力在阳光下运行。目前,"阳光大厅"内可供查询的案件总量已突破139.3万件,公开率为96.2%,群众已通过平台查询案件7.6万余次,满意率为87.3%。[1]

2017年推出居民身份证异地办理服务措施。为进一步方便外省市来沪人员异地办理居民身份证,全面深化户籍制度改革,让人民群众有更多的获得感和满意度,上海市公安局坚持"让信息多跑路,让群众少走路"的理念,积极回应人民群众的新要求、新期待,推出进一步便利居民身份证异地办理服务措施。自2017年7月1日起,在本市合法稳定就业、就学、居住的外省市来沪人员,申请换领、补领居民身份证的,可持有效身份证件至实际居住地公安派出所办理。

---

[1] 高峰. 沪公安一年推43项改革措施让市民享受制度"红利"[EB/OL]. http://shanghai.xinmin.cn/msrx/2016/10/17/30515780.html. 2017-12-03.

三、问题和短板

(一) 政务服务瓶颈问题有待破解,与"上海服务"品牌建设要求存在差距

2018年上海《政府工作报告》提出,要深化"互联网+政务服务",切实让群众和企业在"上海政务"网上能办事、快办事、办成事。但根据国家行政学院2017年6月20日发布的"省级政府网上政务服务能力评估报告",上海总体排名第四。(见表5.1)在"服务方式完备度"上,上海排名第五;"服务事项覆盖度"则排名第十一。可见,上海市的政务公开与"互联网+政务服务"工作仍然存在提升空间。

表5.1　　2017年省级政府网上政务服务能力评估

排名	省级政府	总分	服务方式完备度指数	服务事项覆盖度指数	办事指南准确度指数	在线服务成熟度指数
1	浙江	91.21	100.00	87.23	90/46	89.51
2	贵州	91.18	97.00	88.18	90.08	91.50
3	江苏	90.91	93.18	90.27	96.66	81.00
4	上海	87.61	95.35	71.39	94.70	93.55
5	福建	86.02	94.68	76.15	90.77	85.02

备注:2017年省级政府网上政务服务能力评估报告,该报告全文已在国家行政学院电子政务研究中心网站公布,网站地址为http://www.egovernment.gov.cn/。

一是存在"信息孤岛"和"数据烟囱"。在2017年9月28日召开的上海市政务公开与"互联网+政务服务"领导小组第一次全体会议上,上海市委副书记、市长应勇强调,目前,"信息孤岛"和"数据烟囱"仍然是制约"互联网+政务服务"效能提升的关键因素。所谓政务服务的"信息孤岛"是指,政务信息数据被分割存储在不同部门的信息系统中,无法实现互联互通、互相分享、整合利用。这就好比是出现一个部门一个"数据烟囱"的情况,"烟囱"与"烟囱"之间互不连通,而且在缺乏顶层设计和统一规划的情况下,信息化越发展就越容易固化这种部门分割的"纵墙横路",难以为居民、企业和社会组织等提供完整、高效、便捷的公共服务。"信息孤岛"和"数据烟囱"的存在,不利于提高政府效率和透明度,比如,社会上普遍反映强烈的群众办事要在各个部门反复奔波、行政审批环节繁复等现象,都与此密切相关。以道路运输执法为例,目前,对货运车辆可以行使执法权的部门不仅有交警、路政、运管,还包括高速公路管理、城管、工商、卫生、动物检疫等多个部门,罚款部门多,执法行为不规范,罚款依据不统一,只能叠加。

二是服务事项的覆盖度、精细化方面有所欠缺。在服务内容上,有些网上办事指南仍然缺乏统一标准,精细化程度不高,准确性、时效性、实用性不强的问题仍然存在,有些权力事项的减法和服务事项的加法没有同步推进。在服务的深度上,存在重发布轻办理现象,网上申报办理的覆盖面和办理率不高,距离网上审批、现实办结、在线反馈、全程监督的一站式的目标仍然有一定的差距。另外,还存在网上大厅和线下大厅割裂、平台创建模式集约化程度不高,以及进一个网办所有事、一次认证全网通仍未完全实现等不足。"一网一云一窗"体系虽然已经形成,但是政务服务大厅、政府网站、政府业务系统、移动App、社交媒体、呼叫中心等线上和线下多重服务渠道百花齐放,服务形式分散,缺乏集成化服务获取平台。同时,部门间职责与边界不清,业务流程繁琐复杂,效率低下,办理过程需提供大量重复信息和资料,社会和公众办事跑断了腿,仍摸不清门。

(二)贸易便利化水平和营商环境有待提升,与上海打造全球卓越城市核心竞争力存在差距

上海要打造全球卓越城市的核心竞争力离不开营商环境,总体而言,上海的营商环境是不错的。上海在"放管服"改革上下了很大功夫,为营造法治化、国际化的营商环境,相继出台了一系列改革措施,对于优化市场环境、减轻企业负担、激发市场活力、方便百姓办事起到了积极作用。上海政策公开透明、办事规范,法治环境总体水平较好,但根据世界银行有关口岸营商环境的排名,上海排在全球第96位,体现出上海营商环境存在的问题与短板。

一是行政审批中存在隐性障碍,事中事后监管缺乏细节管控。上海的行政审批制度在实际运行中仍然存在一些问题,主要体现在操作层面和行政末梢。行政审批中存在隐形障碍,环评、安评、社评等前置性审批效率偏低,基层办事人员在知识结构、政策水平、工作经验等方面与事中事后导向的政府监管改革不相适应。行政审批的公开性和透明度有待加强,行政审批的申请材料、等待时限、运作流程、告知承诺等事项仍然不够具体明确,影响了行政审批改革的"最后一公里"。

二是中小企业过度依赖政府补贴,缺乏市场化导向的产业政策。在产业政策方面,上海中小企业过度依赖政府补贴,没有形成市场化的中小企业培育

成长机制。在政府补贴项目的分布方面,产业间、部门间和区域间存在着不平衡现象,缺乏与国际贸易中心发展定位相适应的专项补贴项目与引导激励政策。政府补贴的申请和发放,缺乏强有力的信息传播通道,使得部分非公有制中小企业被实际排斥在补贴项目的受益群体之外。此外,各类补贴项目缺乏科学有效的绩效评价机制,项目资金在科技成果转化、示范工程建设等方面的引领带动作用较弱。

三是企业用工成本高企,结构性人才短缺制约产业转型升级。上海是一座2 400万人口的特大城市,受宏观经济形势和产业转移态势的影响,上海企业的用工成本高企,中小企业的社会保障负担较重。超大城市生活成本的高企,在一定程度上遏制了高素质人才的流入,限制了总部经济等高端产业样态的发展。在高端人才引进方面,上海市的"千人计划"、"绿色通道"等机制发挥了一定的作用,但户籍制度中的加分落户政策还需完善。上海市政府2016年公布的《关于进一步推进本市户籍制度改革的若干意见》重申,到2020年,上海市全市常住人口规模将控制在2 500万以内,并根据综合承载能力和经济社会发展需要,在上海积分落户具体的指标方面,以具有合法稳定就业和合法稳定住所、参加城镇社会保险年限、连续居住年限等为主要指标,因此,经管类、法律类人才加分比较困难。与此同时,上海对"居转户"实行总量控制,人数超过总量控制目标时将实行轮候制。2016年一批公示的"居转户"名单中,审核通过的895人,多为大型公司、国企和科研企业人员。以上户籍政策并不利于外贸、金融、企业咨询等现代服务业的发展。

(三) 服务创新的体制机制有待健全,与上海创新之城建设要求存在差距

《上海市城市总体规划(2017—2035年)》提出,要建设更具活力的繁荣创新之城。但就现状而言,与伦敦、纽约、巴黎和东京等知名的全球城市相比,上海的创新能力仍显不足,具体表现为:

一是让创新者获利的分配制度不够健全。按照现行的税收和监管制度,被激励人员获得股权时需要交纳所得税,同时国企实施股权奖励被视为国有资产流失。

二是支持创新活力不同阶段的市场化投入机制不完善。主要是缺乏针对性的税收制度安排,天使投资发展较为缓慢,传统商业银行信贷不适应早期高风险、轻资产的特点。现有的中小板、创业板准入门槛较高,场外交易市场不发达,企业研发费用不够高。

三是从研发到产业化的创新链、价值链存在一定的体制机制障碍。比如，让科学家静下心来全心探索的制度有待完善，法律法规制度缺失。目前对创新的管理服务方式上还有些不适应，支持方式上倾向于项目化的支持，对于科技型小微企业普惠政策不够，对于采购首台套支持力度不足，部分行业的前置审批仍然比较多，对创新活动包容性不够。

德勒科技高成长中国 50 强显示，2016 年上海有 5 家企业进入榜单，比 2015 年增加 3 家，但与北京、武汉和深圳相比，这类企业群体仍然小。

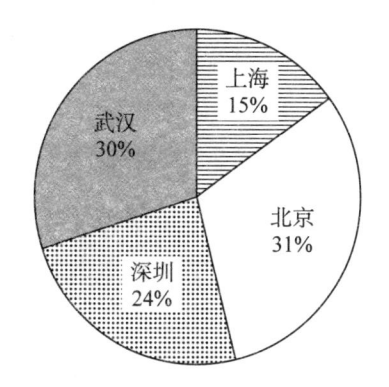

图 5.1　2016 德勒科技高成长中国 50 强分布

数据来源：https：//www2.deloitte.com.cn。

（四）企业满意感、群众获得感有待增强，与甘当服务企业"店小二"精神存在差距

在企业调研过程中，上海市委书记李强提出，政府千方百计为企业提供良好服务，甘当服务企业的"店小二"，上海才能真正当好"改革开放排头兵"。但从现实来看，市场主体仍然面临不少"难点"、"痛点"、"堵点"。

一是政府的回应能力有待增强。政府回应，就是政府在公共管理中，对公众的需求和所提出的问题作出积极敏感的反应和回复的过程。近年来，上海市政府在回应方面做了很多工作，回应能力有所提高，但是离公众的要求还存在一定差距。具体来看，主要是回应速度和回应效率方面还有进步的空间。

二是公共服务不足。与广大人民群众日益复杂化、多样化的社会公共需求相比，政府所提供的公共服务产品总量不足，公共服务的投入仍然偏低，尤其是在公共卫生、社会保障、公共基础设施、义务教育等基本的公共产品供给和公共服务方面。另外，长期以来，政府作为公共服务的主要提供者，几乎垄断了公共服务的提供，由于缺少竞争，使得政府提供的公共服务质量偏差、效率偏低成为不可避免的事。

(五)"降成本"成效有待提升,与上海推进"三去一降一补"要求存在差距

根据上海社会科学院经济研究所、上海社会科学院科研处和社会科学文献出版社联合发布的《上海经济发展报告(2017)》。在推进"三去一降一补"的过程中,上海与全国其他地方相比,去产能、去库存、去杠杆方面的问题并不突出,虽然这些问题在某些范围也存在,如产能过剩是局部性的,房地产过剩仅限于商办楼宇方面,金融风险以外部输入为主,但上海最突出的问题是"降成本"与"补短板"。这种"成本"主要体现在四个方面:

一是非税收费种类繁多。非税收费包括专项收费、行政事业性收费、罚没收入、国有资源(资产)有偿使用收费等多种类型。其中,行政事业性收费项目中涉及企业收费的有64项,占全部行政事业性收费项目的50%以上,对企业来说负担过重。

二是中小企业融资成本高。上海大型国有企业众多,银行信贷资金多向大型国有企业集中,挤占了中小企业的信贷资源。中小企业受资产和规模的限制,一般较难符合银行贷款的要求,只能通过民间融资渠道进行融资,长期面临融资难、融资贵的困境。

三是商务和用工成本较高。主要表现在办公成本高、土地成本高,企业的社会保障负担较重。在土地成本方面,数据显示,上海自2007年开始实施工业用地招拍挂制度以来,工业用地价虽然在全球金融危机爆发时出现了波动,但上升的趋势未变。2012年以后,工业用地价格呈现持续上升态势,特别是2015年以来,上海每季度工业用地平均价格的同比上升幅度均保持在10%以上。2016年第三季度,上海工业用地招拍挂出让平均价格已高达每平方米2 324元,同比上升10.5%。

四是制度性交易成本高。制度性交易成本是指企业因遵循政府制定的各种法律、法规、政策等需要付出的成本。比如上海的知识产权保护落实不到位、行政审批手续不够简化导致企业的制度性交易成本升高。

四、原因分析

(一)改革的推进存在"碎片化"现象

长期以来,我国存在着政府管理"碎片化"、公共资源运作"碎片化"、行政组织结构"碎片化"、公共服务供给"碎片化"等状况,让人民群众办事费尽周折。政务信息存在"多龙治水"局面。部门间信息化水平不一致,使用的软件互不兼容,相关平台间的沟通、对接难度较大,实现信息互联共享和联合惩戒还存在不少困难。不同部门间信息壁垒尚未打破,部门之间的信息共享程度低,特别是核心数据交换共享共用不够,大数据利用水平和能力有待提高,影响制度性交易成本的降低。在改革进程中,改革推进机构立足全局,以问题为导向,但具体改革议题选择、事项选择甚至改革政策和具体举措都要几上几下充分征求部门意见,部门不同意的改革动议往往都会流产。于是,不少政策公布了却久久无法落地,或者落地了反而造成企业办事更加不方便。另外,部门之间协调不够,重复执法,也加重了企业负担。

当前"放管服"改革进入深水区,一个突出问题就是打破政府部门的条块式划分模式、地域、层级和部门限制,为政府业务流程的重组和优化提供全新的平台,要对政府部门间的、政府与社会间的关系进行重新整合,在政府与社会间构建一种新型的合作关系,依靠政府机构间及政府与公私部门间的协调与整合提高行政效率,打造一个具有包容性的政府,使得提供更完备、全面、无边界的整体性治理成为可能。

(二) 改革的举措存在未落实落细情况

由于"放管服"改革工作时间紧、任务重,加之还承担着其他改革工作任务,难以将全部人员及精力投入到推进"放管服"工作上,出现在推进部分"放管服"改革工作时,前一项改革任务在收尾阶段,又出现新的改革任务,为完成新的改革任务,便对上一项改革匆匆收尾,最终导致部分改革工作未落细落实。

由于以上原因,也导致了改革的成效存在不完全显现的情况。"放管服"改革是一个系统的整体,既要进一步做好简政放权的"减法",打造权力瘦身的"紧身衣",又要善于做加强监管的"加法"和优化服务的"乘法",啃政府职能转变的"硬骨头",真正做到审批更简、监管更强、服务更优,这是一个艰巨复杂过程。最近几年,"放管服"改革取得了积极成效,对解放和发展生产力、顶住经济下行压力、促进就业、加快新动能成长、增进社会公平正义都发挥了重要作用。但与经济社会发展要求和人民群众期待相比仍有不小差距,必须以一抓到底的韧劲做出更多、更有效的努力。

(三) 降低制度性交易成本给政府财政收入带来压力

降低制度性交易成本,在全部降成本举措中,总体占比较小,但是随着"降成本"深入推进,降低制度性交易成本,取消一些行政事业性收费后,在一定程度上减少了地方财政收入。一些审批事项下放、收费取消后,原先依靠那部分收费收入作为公用经费补充的事业单位面临缺少经费的困境,必要的经费需要政府一般公共预算提供,进一步加大财政支出压力,产生了新的矛盾和问题。[①]

五、政策建议

(一) 利用大数据打通政务服务"信息孤岛",进一步提升服务能级

为改变改革中的"碎片化"现象,应当重视大数据的利用,加强部门之间的信息共享,在当下集中审批模式基础上,基于统一高效和服务便民的原则,精简、整合和重构审批权力和审批机构,借助"互联网+"和云技术,通过电子政务方式创新,实现审批运行过程的重塑与再造。在企业注册登记及各类监管、信用信息等基础数据互联互通的基础上,寻求监管信息的协同办理、同网运行。

一是进一步推动建设统一的政务数据平台。首先,是在不同政府层面率先建立完备的同级政务信息跨部门平台,实现原有信息的跨部门共享与共有存储,原有封闭的政务信息在跨部门数据平台实现有效备份。这是通过改变存储架构来改变政务信息孤岛存在的物理基础。其次,是推动建立政务信息共享的制度架构。应在政府内部统筹设置信息化建设与数据建设的推进机构,其重要职能是规范完善政府内部的所有信息化建设与数据建设,打破部门壁垒。在实现横向打通的基础上,进一步推动实现整个政府体系内的纵向信息打通。再次,是进一步推动政务信息共享的法律法规体系建设。实现政务信息共享,既要靠政府部门自觉主动,也要靠健全的法律法规体系。应将政务数据共享纳入法治轨道,不但实现政府部门内部的共享,还要利用法律法规推动政务信息与社会信息的共享对接。

二是落实数据共享开放机制。逐步实现"云数联动";提升网上服务能级,推进跨部门、跨区域、跨层级协同办理和流程优化,进一步增加"零上门"、"一

[①] 石英华.广西云南降低企业制度性交易成本的调研思考[J].财政科学,2017(8):41-52.

次上门"等政务服务事项的数量;同时加快推进重点项目实施,并在2017年底前形成市、区、街镇三级一体化的线上线下联动统一预约服务模式。

三是要在依法安全的前提下,坚持政府数据资源共享是原则、不共享是例外,列出共享责任清单,把责任落实到位。要优化共享机制,完善共享平台,继续推动各方面数据向共享交换平台汇聚,打造全市统一的大数据平台,做到政务数据"应进必进、一网打尽"。同时,统一数据标准,为共享创造条件。

(二) 不断完善市场准入和监管方式,创造良好营商环境

在2017年12月底召开的上海市优化营商环境推进大会上,市委书记李强指出,上海要建设卓越的全球城市,增强吸引力、创造力和竞争力,必须对标国际最高标准、最好水平,不断提升制度环境软实力,努力打造营商环境新高地。总的目标,就是要加快形成法治化、国际化、便利化的营商环境,让上海成为贸易投资最便利、行政效率最高、服务管理最规范、法治体系最完善的城市之一,争取达到国际先进水平。根据李强书记提出的要求,结合上海目前在营商环境方面存在的短板,下一步还要在以下几个方面努力:

一是优化政府补贴项目的评价机制,建立商务发展引导基金。规范市属部门与区县政府的企业补贴项目,制定科学有效的补贴项目绩效评价机制,聘请第三方参与绩效评价。对于整体绩效欠佳的补贴项目,要调整其使用方向和运作机制。要逐步减轻中小企业对政府补贴的依赖,提高补贴项目的市场化程度,尝试由银行、保险、信托等专业机构提供咨询意见,以确定补贴项目的中标企业。建立商务发展引导基金,由市商委负责基金的组建和管理,采取母基金形式,下设若干子基金,由国有或民间的专业投资机构负责运营,允许社会资本优先获取投资收益,以鼓励社会资本积极参与,提高财政资金的杠杆比率。

二是强化事中事后监管,探索政府部门监管职责的差异化发展。强化事中事后监管,优化监管流程,丰富监管手段,区分不同属性的职能部门在监管中的职责差异。逐步弱化经信委、商委、科委、发改委等部门的事中事后监管职责,使这些部门专注于政策制定和市场准入,明确市场监管部门的权责范围和权力运行流程,消除监管过程中的"盲区"和"死角"。以"权力清单"和"责任清单"推进事中事后监管过程的规范化和法治化。推动事中事后监管的社会化,聘请有资质、有能力的社会机构对随机抽查到的企业年报进行审计,建立企业信用行为有奖举报机制,鼓励社会公众参与监管。

三是深化商务诚信体系改革,着力突破政府与市场间的信息壁垒。加快推进商务诚信公众服务平台建设。坚持市场导向、需求导向,打破政府公共信用信息与市场信用信息壁垒并建立交互共享机制,以市公共信用信息服务平台为基础,以政府部门、平台型企业、第三方专业机构、社会组织等公共信用信息和市场信用信息的归集与共享为支撑,以市场应用为重点,逐步形成涵盖政府部门、市场化平台和第三方专业机构的信用信息综合网络,逐步建立覆盖线上线下企业的区域性、综合性信用评价体系。面向政府、行业与公众三大主体,探索形成可复制、可推广的应用模式与制度规范,为全市及全国商务诚信体系和社会信用体系的建立与可持续发展奠定基础。

四是降低企业的人力资源成本,打造创业创新的人才洼地。超大城市高企的人力资源成本和生活成本,已经成为制约上海中小企业可持续发展的瓶颈之一。市商委、经信委、科委等部门应该成立社保成本专项补贴,对符合上海产业转型方向的战略性新兴产业以及"四新经济"企业给予补助,支持其降低人力资源成本。市教委应该推动上海高等教育结构战略性调整,重点支持一批应用技术型和应用技能型高校做大做强,设立优秀技术工人培养计划,选取三到五所高校进行政策试点,以促进上海人才结构的转变。以市委、市政府出台的《关于深化人才工作体制机制改革促进人才创新创业的实施意见》为基础,破解上海人才引进方面的制度性问题。完善应届生加分落户政策,重点调整经管类、法律类、文史类学生的加分政策,将在校期间学术论文的发表情况与科技专利同等对待。加强各类保障房建设,降低生活成本。建立保障房建设规划与人才引进计划的联动机制,支持区县建立高层次、高技能人才住房保障专项计划。

五是加快打造与国际大都市地位相匹配的现代产业体系和经济形态。上海要转变政府对产业的培育模式,形成动态跟踪、分类扶持、精准投入的新兴产业发展机制,政府要在新兴产业供给方面转换角色。可以借鉴全球知名的技术咨询公司高德纳的技术成熟度曲线(简称"高德纳技术曲线"),研究在技术快速变化条件下,如何利用市场机制动态把握新产业突破的方向。高德纳技术曲线通过动态跟踪分析和判断各类前沿技术及其细分领域实现商业化应用的趋势,成为市场参与者观察、跟踪前沿技术和产业的风向标。上海地方政府应当借助高德纳曲线,建立通过市场发现和培育新兴产业及前沿技术的动态跟踪机制,改变政府发展战略性新兴产业的传统"套路",提高政府产业政策的"精准度"和应变能力。

(三) 健全完善创新支持机制,进一步推动"双创"建设

为缓解降低交易制度性交易成本给政府财政收入带来的压力,在"双创"支撑中国经济转型发展背景下,众创空间应当成为上海市政府政策的重要着力点。在这方面,阿里百川移动开放平台能给我们很好的启发。阿里百川移动开放平台是阿里巴巴集团面向无线开发者,整合阿里巴巴集团资源,提供包含电商场景对接、流量转化与变现、基础技术设施服务、场地及资金扶持等的全链条整体解决方案。百川计划作为新型创业服务的众创空间,是阿里巴巴的重大战略行动,其目的是培育一批生长于阿里生态圈的小企业,从而将移动端购物场景均囊括在自身体系内,并构造一个移动购物帝国,完善阿里商业生态(见图5.2)。具体而言,百川计划主要通过"云"(阿里提供的基础设施)平台提供架构搭建、数据存储、安全防护等服务,帮助开发者降低开发与维护成本,在商业变现、投资服务、办公场地等方面为开发者提供服务,使开发者可以专注于产品,深耕垂直场景;同时,通过阿里巴巴积累的海量数据帮助"端"(各类App)开发者理解各自的用户群体,从而提供更精准的个性化服务。

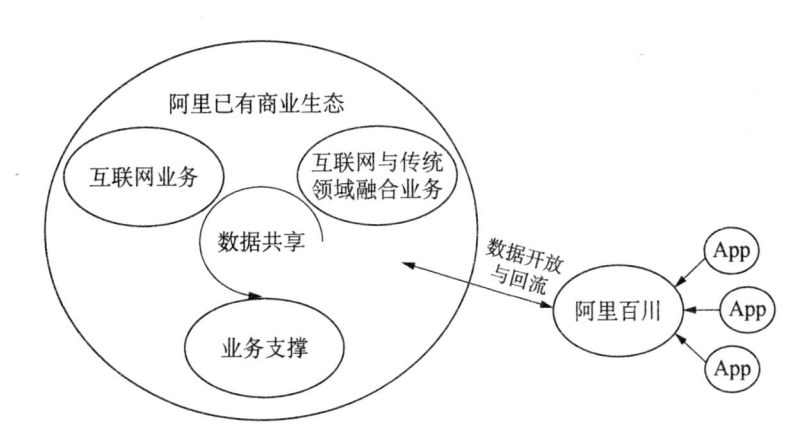

图 5.2 阿里百川众创空间战略

通过接入百川计划,无线开发者可以获得阿里巴巴开放的产品。[①]

[①] 王节祥,田丰,盛亚.众创空间平台定位及其发展策略演进逻辑研究——以阿里百川为例[J].科技进步与对策,2016,33(11): 1-6.

结合理论和案例分析,众创空间提供商的发展涵盖基础架构构建、网络效应激发和商业生态形成三个阶段,需要处理数据资源和运营能力整合、开放策略选择、第三方服务引入、软硬服务融合、数据闭环形成5大关键行动,因此,要做好以下几点:

一是建立有效的创新激励机制。吸引全球科技创新人才,借鉴国际成熟做法,知识产权归属和利益分享机制,明确发明人的收益权,进一步完善股权激励政策,有效激发国有人员创新动力。同时,建立更具吸引力的海内外人才引进制度,提供更好的便利,集聚海内外优秀人才。

二是强化以企业为主体的市场化创新投入机制。完善金融支撑,积极创造有利于市场创新投入动力的制度环境,完善研发费用加计扣除政策,进一步鼓励创业企业加大研发资金的投入,发挥金融财税政策对创新科技投入的放大作用。鼓励发展天使投资,化解创新活动种子期、初创期投资严重不足和社会资本相对宽裕的矛盾,探索科技型中小企业的科技金融服务体系。

三是构建市场引导的科技成果转移转化制度。打通科技创新与产业化应用的通道。确立企业、高校、科研机构在技术市场中的主体作用,形成产权归属。优化技术类无形资产交易流程,建立科技成果转换、技术产权交易、知识产权保护协同的支柱体系。同时加快培育新型知识产权研发组织,促进科技成果的转化模式。

四是放松政府对创新活动的监管,加强政策支持。通过自贸区改革创新的探索,结合政府转变职能,更加注重对创新活动的事中事后监管,进一步释放改革红利,探索建立基于企业应用信息的监管模式,形成负面清单的产业政策导向。增强上海市互联网、金融、环保、健康、教育等领域的监管弹性,包容新业态、新商业模式的发展。建立对创新产品的引导支持,为创新产品创造市场空间。

(四)优化公共服务效能,进一步提升企业获得感、群众满意度

一是重视门户网站的设计。作为国际大都市,上海市的门户网站设计上应当向国际城市看齐。例如纽约 CityNet 网络的应用就是很好的成功经验。为了方便市民了解政务信息,提高市民政治参与度,纽约市政府采用 Cisco 公司开发的一项名为 CiscoBlue 的解决方案,先构建一个覆盖全市的集成式城域网,然后依托此基础平台,构建面向市民的开放式政府门户网络。该网站的主页,作为纽约市政府对外发布信息的窗口,市民既可以了解市长及各主要政府

官员的背景介绍、大政方针的实施情况以及市政府机构设置和职能等相关信息的概况,又可以在线观看市议会的会议视频,查看市长每天的工作日程安排和所有政府部门的运行状况。该网站对市民开放网上办公,将相当一部分申请和审批业务放到网上进行。① 市民足不出户便能进行多项申请,并且可以通过网络了解业务审批的进展情况,在线支付必要的费用以及电子签名等,实现了"一站式"电子政府。上海市门户网站的设计应当向纽约市政府网站的建设取经,重视网上政务大厅、市民云、诚信上海 App 等平台的建设,以推动城市经济的发展,提高行政审批效率,增加工作岗位,随之提高就业率。二是健全政府回应机制。重点是要加大政务公开力度,"以公开为原则,不公开为例外",及时、准确、全面公开群众普遍关心、涉及群众切身利益的相关信息。认真研判处置重要政务舆情、重大突发事件、媒体关切热点等问题,及时借助媒体、网站、微信、移动客户端等渠道发布准确权威信息,确保不失声、不缺位。健全完善执法公示制度,做好行政许可和行政处罚等信用信息公示,推动社会信用体系建设。三是要做好政策论证与解读。政策出台前要深入调研、充分论证,广泛征求社会和基层相关意见,健全各类规章草案公开征求意见和意见采纳情况反馈机制。事关人民群众切身利益或备受国内外舆论关注、涉及宏观经济稳定、市场稳定以及重大政策调整的,牵头起草部门应将文件和评估情况、解读及舆情应对方案等一并报批。政策出台到实施一定要预留必要的时间,方便企业和群众做好准备工作。政策出台后,要同步做好宣传解读工作,让企业和社会公众广泛知悉政策内容。

(五)进一步发挥优化服务举措在降低制度性交易成本方面的作用

打好降低企业成本的组合拳。降低企业制度性交易成本,除了结构性减税,政府还要打好组合拳。一是为降低企业财务成本创造条件。积极培育公开透明、健康发展的资本市场,优化金融资源配置,提高金融机构管理水平和服务质量。同时,政府需要鼓励竞争,发挥市场在资源配置中的决定性作用,并制定鼓励实体经济发展的政策,为降低企业的财务成本创造良好的外部环境。二是用好"一站式"服务举措。以张江跨境科创中心的运行模式为例,张江拥有大量生物医药和集成电路企业,相关企业的空运进口货物,特别是研发用材料对通关时限、货物查验、存放条件等都有较高的要求。过去的通关模式

---

① 蔡丽诗.电子政务职能优化研究[D].成都:西南财经大学,2013:42.

下，企业需往返于海关、国检的机场查验点，对生物医药研发类公司而言，如不能及时通关，易造成实验进程滞后，错失与全球同步的研发竞争机会。现在运行的张江跨境科创中心由海关、国检派员入驻，实现了关检合作"三个一"，即一次申报、一次查验、一次放行。统计显示，实施"关检一体化"后，张江企业的通关时间，将从过去的平均两三天缩短到当天就能完成通关手续。

第六篇　上海降低制度性交易成本之行政执法体制机制研究

一、引言

目前本市行政执法体制机制主要存在以下问题：(1)执法队伍分工过细。有些执法队伍又过于分散，难以形成合力。有限的执法资源被各部门分割，限制了执法资源的流通，直接导致执法机构与执法人员总数的不断膨胀。(2)行政执法力量分布不均。专职执法人员大多集中在公安、财税、工商、城管、文化综合执法等部门，其他部门专职执法人员的编制则相对较少，街道(乡镇)一级的执法人员数量较少。(3)区县和街镇三级在执法事权上缺乏明确划分。目前，行政执法中"条"与"块"的关系还没有完全理顺，三级职能和机构设置"上下一般粗"。(4)街镇实际承担的行政执法任务较重，并有逐年加重的趋势。现行执法依据存在将执法或管理权限赋予街道办事处和乡镇政府，街道办事处和乡镇政府的编制情况及人员承受能力的考虑较少。(5)执法与决策、监督由一个机构行使，降低了执行效率。(6)信息共享机制运行不畅，导致执法效率低、成本高。执法部门间的信息共享度不足，直接阻碍着执法部门的自身建设，影响着执法部门执法效率的提高。对此，上海市的行政执法体制改革应当坚持"横向间执法职能适当综合，纵向间执法内容适当差异化，职权配置中的决策与执法适当分离"的指导思想，与其他简政放权的改革措施协同推进。

二、上海市行政执法体制的现状与问题

(一) 基本情况

从执法主体构成来看，据初步统计，上海市各级具有行政执法主体资格的

机构有 2 300 余家,9 万余名(含公安 4.66 万)执法人员。其中,市级行政执法机构总数为 1 300 余家(含税务、工商等实行垂直领导的部门设在区县、街道的机构)。这里所称的行政执法主体主要是指行使行政处罚权、检查权、强制权的单位。

从执法队伍①数量来看,在 44 个政府工作部门中,除 8 个部门(办公厅、研究室、法制办、外办、机管局、口岸办、合作交流办、金融办)以外,36 个委办局所属的各类行政执法队伍有 90 余支,其中近 70 支为事业单位。从部门分布来看,数量较多的有:市农委、市地方税务局、市建设交通委、市交通委。

从执法工作量来看,行政执法承担着大量执法任务。以 2008 年至 2011 年 6 月行政处罚为例,全市三级 2 300 余家行政执法机构,共作出行政处罚 3 383 万多件,其中作出责令停产停业处罚决定 4 600 多件,吊销许可证(执照)28 万多件,作出较大数额罚款 3 196 万多件。

(二) 特点分析

在执法行为上,上海市行政执法以行政机关为主。虽然在上海市委办局有多个事业单位为行政执法主体,但是除法律法规授权执法以外,大部分行政处罚、强制等执法行为以行政机关的名义实施。上海市具有执法类事业单位的市级执法部门共有 26 个,其所属的执法类事业单位(含个别企业性质的执法单位)共有 69 家(见表 6.1)。其中,实际行使行政强制权的事业单位有 24 家(见表 6.2、表 6.3),不行使行政强制权的事业单位有 45 家(见表 6.2)。行政强制法实施后,事业单位不再行使行政强制权。

在层级配置上,本市行政执法主体主要集中在区县级。若只就执法主体数量看,1 300 家的市级行政执法主体较多,但该数字含有垂直管理的税务、工商的区县分局、街镇所数量近 600 家。行政执法主体集中于区县层面。

在机构配置上,综合执法机构的数量相对较少。目前,实行专业执法的机构约占总数的 80%;实行跨部门相对集中行政处罚权的机构约占 4%;实行主管部门内部综合行政执法的机构约占 10%;其他占 6%。综合执法机构所占比例明显低于专业执法。

---

① 这里所称的执法队伍是指由各部门所属的具有行政执法主体资格的行政执法组织。不含各部门自身,在区县、乡镇设有相应机构的,不论是否垂直管理,计为一支。

表 6.1　　市级以决策为主的部门相关执法机构情况表

部门	承担执法任务的机构	单位性质	备注
市发改委	市发改委	行政机关	
	市物价局	行政机关	市发改委挂牌
	市价格监督检查与反垄断局	行政机关	以物价局名义执法
市经信委	市经信委	行政机关	
	市国防科技工业办公室	行政机关	市经信委挂牌
	征信管理办公室	行政机关	
	节能监察中心	事业单位	参公
	无线电管理局	事业单位	
	盐务管理局	事业单位	
	市保护电力设施和维护用电秩序规定实施办公室	事业单位	
市商务委	市商务委	行政机关	
	市酒类专卖管理局	事业单位	
市建交委	市建交委	行政机关	
	上海市交通战备办公室	行政机关	市建交委挂牌
	上海市建筑市场管理办公室	行政机关	执法由事业单位承担
	上海市路政局	事业单位	
	上海市燃气管理处	事业单位	
	市建设工程安全质量监督总站	事业单位	以市建交委、市建筑市场管理办公室名义执法
	市建交委业务受理服务中心	事业单位	
	市建设工程设计文件审查管理事务中心	事业单位	
	市建筑建材业市场管理总站	事业单位	
市卫计委	市卫计委	行政机关	
	市爱国卫生委员会办公室	行政机关	
	市卫生监督所	事业单位	即将参公
	市血液管理办公室	事业单位	

续表

部门	承担执法任务的机构	单位性质	备注
市教委	市教委	行政机关	
	市教育督导事务中心	事业单位	
市科委	市科委	行政机关	
	市技术市场管理办公室	事业单位	参公
市农委	市农委	行政机关	
	市水产办公室	行政机关	市农委挂牌,目前统一以市农委名义执法
	市农机管理办公室		
	市畜牧办公室		
	市饲料工作办公室		
	上海渔港监督局	事业单位	一个机构两个牌子
	上海渔业船舶检验局		
	市渔政监督管理处	事业单位	
	长江口中华鲟自然保护区管理处	事业单位	
	市农机安全监理所	事业单位	
	市动物卫生监督所	事业单位	一个机构两个牌子
	市兽药饲料监督所		
	市种子管理站	事业单位	
	市农药检定所	事业单位	三个单位牌子均挂在市农技中心,编制未做区分
	市植物保护植物检疫站	事业单位	
	市土肥站	事业单位	

表 6.2　　执法类事业单位分布情况

序号	市政府委办局	执法类事业单位数量	实际行使行政强制权的执法类事业单位数量	不行使行政强制权的执法类事业单位数量
1	市绿化市容局（市城管执法局）	5	2	3
2	市文化执法总队	1	1	/
3	市经济信息化委	3	1	2
4	市教委	2	1	1
5	市民政局	3	1	2
6	市建设交通委	8	2	6
7	市农委	7	6	1
8	市质量技监局	3	3	/
9	市环保局	1	1	/
10	市卫生局	2	1	1
11	市水务局（市海洋局）	5	1	4
12	市交通港口局	8	2	6
13	市食品药品监管局	2	2	/
14	市发展改革委	1	/	1
15	市科委	2	/	2
16	市司法局	1	/	1
17	市人力资源社会保障局	4	/	4
18	市商务委	1	/	1
19	市文广影视局	1	/	1
20	市民防办	1	/	1
21	市房管局	1	/	1
22	市规划国土资源局	3	/	3
23	市体育局	1	/	1
24	市旅游局	1	/	1
25	市公积金管理中心	1	/	1
26	市烟草专卖局（政企合一）	1	/	1
合计		69	24	45

表6.3 实际行使行政强制权的执法类事业单位名单

序号	事业单位名称	主管部门	行使行政强制权的主体名义	权力来源	行使行政强制权的依据	依据类别	是否参公
1	市城管执法总队	市城管执法局	市城管执法局	政府规章委托	《上海市城市管理相对集中行政处罚权暂行办法》	政府规章	是
2	市市容环境卫生水上管理处	市城管执法局	市城管执法局	局内委托	《上海市城市管理相对集中行政处罚权暂行办法》	政府规章	
3	市文化执法总队	市委宣传部代管	市文化执法总队	行政法规性文件授权	中办、国办转发《中央宣传部、中央编办、财政部、文化部、国家广电总局、新闻出版总署、国务院法制办关于在文化市场综合执法试点地区建立执法机构的意见》的通知（中办发[2004]24号）	行政法规性文件	是
4	市无线电管理局	市经济信息化委	市无线电管理局	行政法规授权	《无线电管理条例》第43条	行政法规	
5	市教育考试院	市教委	市教育考试院	部门规章委托	《国家教育考试违规处理办法》第18条	部门规章	
6	市社团监察总队	市民政局	市民政局	局内委托	《社会团体登记管理条例》35条、第36条；《民办非企业单位登记管理暂行条例》第40条、第44条、第27条、第28条；《基金会管理条例》第11条	行政法规	是
7	市市政工程管理处	市建设交通委	市市政工程管理处	政府规章委托	《上海市道路桥梁管理规定》第11条	政府规章	
8	市公路处	市建设交通委	市公路处	行政法规授权、地方性法规授权	《公路安全保护条例》第56条、第65条、第67条、第72条；《上海市公路管理条例》第50条、第51条、第54条	行政法规、地方性法规	
9	市动物卫生监督所	市农委	市动物卫生监督所	法律授权	《动物防疫法》第31条、第32条	法律	

续表

序号	事业单位名称	主管部门	行使行政强制权的主体名义	权力来源	行使行政强制权的依据	依据类别	是否参公
10	(市兽药饲料监督所)	市农委	市农委	委内委托	《兽药管理条例》第46条	行政法规	是
	市农业技术推广服务中心(市植物保护植物检疫站)	市农委	市农委	委内委托	《农业转基因生物安全管理条例》第39条	行政法规	
			市植物保护植物检疫站	行政法规授权	《植物检疫条例》第5条	行政法规	
11	市农机安全监理所	市农委	市农委	委内委托	《农业机械安全监督管理条例》第41条	行政法规	
12	市渔政监督管理处	市农委	市渔政监督管理处	法律、行政法规授权、地方性法规授权	《渔业法》第48条;《渔业法实施细则》第37条;《上海市水产养殖保护规定》第23条	法律、行政法规、地方性法规	是
13	上海渔港监督局	市农委	上海渔港监督	行政法规授权	《渔港水域交通安全管理条例》第19条	行政法规	是
14	上海渔业船舶检验局	市农委	上海渔业船舶检验局	行政法规授权	《渔业船舶检验条例》第33条、第34条	行政法规	
15	市质量技术监督稽查总队	市质量技监局	市质量技术监督稽查总队	局内委托	《产品质量法》第18条;《特种设备安全监察条例》第51条;《标准化法实施细则》第48条;《工业产品生产许可证管理条例》第37条;《国务院关于加强食品等产品安全监督管理的特别规定》	法律、行政法规	是
				地方性法规授权	《上海市计量监督管理条例》第33条;第15条	地方性法规	

续表

序号	事业单位名称	主管部门	行使行政强制权的主体名义	权力来源	行使行政强制权的依据	依据类别	是否参公
16	市食品生产监督所	市质量技监局	市质量技监局	局内委托	《食品安全法》第77条;《乳品质量安全监督管理条例》第47条;《产品质量法》第18条;《标准化法实施条例》第33条;《国务院关于加强食品等产品安全监督管理的特别规定》第15条	法律、行政法规	
17	市纤维检验所	市质量技监局	市纤维检验所	行政法规授权	《棉花质量监督管理条例》第20条	行政法规	
			市质量技监局	局内委托	《产品质量法》第18条	法律	
18	市环境监察总队	市环保局	市环保局	地方性法规委托	《上海市环境保护条例》第25条	地方性法规	是
19	市卫生局卫生监督所	市卫生局	市卫生局	局内委托	《献血法》第18条、《上海市献血条例》第38条	法律、地方性法规	
20	市水务执法总队(中国海监上海市总队)	市水务局(市海洋局)	市水务执法总队	地方性法规授权	《上海市河道管理条例》第22条、第24条、第29条	地方性法规	是
21	市交通执法总队	市交通港口局	市交通执法总队	地方性法规授权、政府规章委托	《上海市道路运输管理条例》第36条;《上海市查处车辆非法客运规定》第18条	地方性法规、政府规章	是
22	市航务管理处	市交通港口局	市航务处	地方性法规授权	《上海市内河航道管理条例》第19条	地方性法规	

续表

序号	事业单位名称	主管部门	行使行政强制权的主体名义	权力来源	行使行政强制权的依据	依据类别	是否参公
23	市食品药品监管局稽查大队	市食品药品监管局	市食品药品监管局	局内委托	《药品管理法》第73条	法律	是
24	市食品药品监督所	市食品药品监管局	市食品药品监管局	局内委托	《食品安全法》第77条	法律	

在人员分布上,大量专职执法人员集中于几个执法部门,其他部门人员较少。执法人员数量主要集中于公安、财税、工商、城管、文化综合执法等部门,其他部门看起来队伍很多,实际上专职执法人员的编制较少。

(三) 执法体制改革情况

1. 在综合执法体制改革方面探索建立跨部门综合执法、部门内综合执法以及理顺专业执法的管理体制

在跨部门综合执法方面,明确市城管行政执法局集中行使绿化市容、规划、工商、房屋、交通等8个部门涉及市容市貌方面的行政处罚权。对市和17个区县城管执法队伍进行了调整,调整后,区县城管执法局执法大队作为城管执法局所属的行政执法机构,分别承担市、区县层面城管领域相对集中行政处罚权的具体事务。市文化市场执法总队集中行使文化、新闻出版、旅游、体育等部门涉及的行政处罚权。在部门内综合执法方面,对交通领域按行业设置的管理机构进行整合,水务领域打破分头管理格局,农业领域对执法职能进行归并。

2. 深化重点、难点领域专业执法体制改革

将食品药品监管部门的工作重点转移到食品安全监管,卫生部门的工作重点转移到公共卫生监督,逐步形成以一个部门为主的综合性、专业化、成体系的监管模式。

3. 积极推进行政职能事业单位改革

根据本市事业单位改革总体方案,对本市承担行政职能事业单位职权获取、执法主体资格等予以梳理,形成了相关改革方案。行政执法类事业单位的人员逐步实现参公管理。

4. 街镇正在整合相关执法力量,探索联动联勤机制

比如,浦东新区花木街道探索创建了"一体化管理、专业化执法"的"五队联动"机制。具体做法是,街道以城管分队和花木派出所为先导,按照专业执法队伍混编联勤、辅助力量统一调配、责任主体分块包干的整合分配思路,充分整合现有执法力量,构建"3+1+1"的队伍格局,即"3支区域综合管理大队+1支机动大队+1支市容管理大队"。(1)队伍体系分工明确。街道划分成三个综合管理区域,3个区域综合管理大队,分为早班、中班,分别负责各区域的市容管理,兼带治安管理等其他职能;机动大队主要负责夜间联巡和突发事件的应急支援,内设若干个夜间分队;市容管理大队主要负责维护市容环

境,绿化管理及街面垃圾清除等内容。通过几支队伍的配合,实现 24 小时全时段、全路段的全覆盖管理。(2)专业执法队伍混编联勤。突出市容管理和治安管理职能,强化城管及公安派出所的联动。城管及公安混编联勤,主要执法力量信息共享、联勤联动、快速协调。街道行政业务科室负责人承担联系、协调街道相关部门及新区职能部门所属条线单位,确保新区、街道两级行政管理力量有机结合。(3)辅助力量统一调配管理。将分属街道综治口的社保大队治安中队、治安市容巡查中队和城管口的市容协管队、城建口的综合巡查队等整合为综合协管大队(共计 287 人),分别补充到三支区域综合管理大队和机动大队。队员统一命名为"综合协管员",涉及城市综合管理内容的事项都在综合协管员岗位职责之内,由此确立了其辅助执法的权威。

主要特点和成效是行政资源效能发挥更加充分。"五队联动"的核心在于在不增加人员编制,不增加办公场所,不增加人员经费的前提下,对现有资源重新优化组合,实现多支队伍单一时段"多龙治不好一水"向一支队伍全时段"一龙治好多水"的转变。

(四) 存在的突出问题

目前本市行政执法体制机制主要存在以下问题:

1. 执法队伍分工过细

我国传统执法体制多采用拉条管理,往往是立一部法、设一个机构、拉一支队伍,从而导致机构林立、多头执法、职责交叉。虽然上海市在执法机构设置上早已没有了"立一部法,成立一支队伍"的现象,但是长期以来,上位法规定的交叉职责,必须得以落实和实施,一个管理领域不同执法主体职责交叉重叠的现象仍然存在。同时,有些执法队伍又过于分散,难以形成合力。有限的执法资源被各部门分割,限制了执法资源的流通,直接导致执法机构与执法人员总数的不断膨胀。

2. 行政执法力量分布不均

行政执法力量分布不均、执法力度不足。具体表现在两个方面:(1)从横向的各执法机构之间来看,专职执法人员大多集中在公安、财税、工商、城管、文化综合执法等部门,其他部门专职执法人员的编制则相对较少;(2)从纵向的三级执法体制来看,第三级执法机构,街道(乡镇)一级的执法人员数量较少。街镇执法人员的编制和数量,长期以来主要还是按照户籍人口配置,而不是按照实有人口配置;一个机构多种功能,一名干部多样职务是街道办事处和乡镇政府的常态。执法任务繁重与执法力量薄弱的矛盾非常突出。比如：九亭镇总面积32.92平方公里，户籍人口3万多人，而目前的实际人口数量已有30万人以上，各类企业近2000家。九亭镇持证执法人员仅有21人，却承担了安全生产监督、规划管理、义务教育等多个领域的行政执法工作。

3. 市、区县和街镇三级在执法事权上缺乏明确划分

目前，行政执法中"条"与"块"的关系还没有完全理顺，三级职能和机构设置"上下一般粗"。职责界面不是很清晰，原本应由"条"上负责的事项，目前很多实际上都在由"块"具体开展，"块"的执法任务有逐年加重的趋势。部分市级执法部门过于强化对区县委办局拉"条"管理，一定程度上，压缩了区县政府对所属委办局的属地管理权限。原本应由"条"上负责的事项，很多事项由基层街镇具体开展。

4. 街镇实际承担的行政执法任务较重，并有逐年加重的趋势

主要表现为，法定授权和法定委托的执法事项在过去的一段时间有逐年增多的倾向。现行规范性文件中将执法或管理权限赋予街道办事处和乡镇政府，对街道办事处和乡镇政府的编制情况及人员承受能力的考虑较少。非法定委托或交办事项也有逐年增多的趋势：市政府各委办局在规范性文件中对街道办事处及乡镇政府提出要求；区政府发文对街道办事处及乡镇政府提出要求，从内容上看，区政府及其职能部门直接安排的长期性或临时性工作事项主要有：参与或协助职能部门处理与本区域社会管理事务相关的执法事项，如民政、教育、文体、卫生、计划生育、国土资源管理等；参与或协助区政府及职能部门推动经济发展的事项，如调整农村产业结构、招商引资、建设小城镇、加强农田水利基本建设、推广普及科学技术等；配合维稳事项，包括综合治理社会治安、保护公民和单位的合法权利、确保镇村公务正常运转、加强思想道德和精神文明建设等；其他事项，包括各类临时性事件、专项行动等都要求街镇派员参加。

5. 执法与决策、监督由一个机构行使，降低了执行效率

每个政府部门均集决策权、执行权和监督权于一体。这种行政权力结构和运行机制有利于保持政令畅通、指挥有效、运转协调，有一定的合理性和必然性。但是随着我国经济社会的不断发展以及各项改革的日益深入，这种传统模式的弊端和问题越发显现。主要体现在以下方面：(1)决策、执行和监督权力的不分导致行政权力的部门垄断和异化。政府各部门可以自定政策和规则，自己执行、自我监督，形成事实上的"权力垄断"。(2)内部监督形式已被实

践证明是低效有时甚至是无效的。许多政府部门集决策和执行于一身,既是裁判员,又是运动员,这样就使监督流于形式,导致决策不公和执行随意。如一些部门既管宏观规划,又管具体项目审批等,使得本应承担宏观管理职能的政府部门却热衷于大量具体的项目审批,而一些纯粹的执行部门又被授予了决策权,导致权力膨胀和权力寻租。(3)决策权、执行权和监督权不分导致政策效力递减、执行阻力递增。上海市有些行政执法主体一年没有处理过一件案件,主要原因是在忙于完成日常领导交办的其他事务,没有专门的执法人员。

6. 信息共享机制运行不畅,导致执法效率低、成本高

行政管理信息、许可信息、处罚信息都由各个部门内部掌握,执法部门之间缺乏信息共享机制,造成部门之间监管信息不对称。信息共享机制的缺乏,已成为行政执法效率与形成行政执法合力的制约因素。执法部门间的信息共享度不足,直接阻碍着执法部门的自身建设,影响着执法部门执法效率的提高。特别是在实行相对集中行政处罚权的管理领域,实施行政许可与实施行政处罚的是完全不同的两个部门,这两个部门没有实现执法信息共享,许可部门导致只管发证,处罚部门只管罚钱。一些事业单位性质的检测机构隶属于质监部门,其他诸如工商等部门在行政执法过程中需要对抽检样品进行检测的,由于缺乏检测资源上的共享机制,非常不便。此类问题,直接影响到行政执法工作的有效开展。

三、进一步深化行政执法体制改革的思路

按照《中共中央关于全面深化改革若干重大问题的决定》(以下简称《决定》)提出的整合执法主体,推进综合执法,减少行政执法层级,加强重点领域基层执法力量,建立权责统一、权威高效的行政执法体制的要求,上海市的行政执法体制改革应当坚持"横向间执法职能适当综合,纵向间执法内容适当差异化,职权配置中的决策与执法适当分离"的指导思想,与其他简政放权的改革措施协同推进。

(一)横向结构——执法职能适当综合

行政执法部门横向分工所形成的部门化是行政管理客观实践的要求,也是组织管理工作日益复杂、专业化、科学化管理的客观需求。但是,专业划分

过细,导致行政执法部门林立也会带来条块分割、效率低下等问题。

对此,英美等西方国家主要运用交易费用理论来支持政府职能的综合性改革。政府的交易费用主要有协调成本、信息成本和监控成本三个方面。[①] 在现代法治国家,各国一般都通过立法的方式对执法部门的设立、职责、行为等作出规定和制约,各执法部门都受到相关法律制度的约束,不能随意地转移职责权限。然而,当某一类事务的执法职责涉及多个部门,部门间的职责权限的划分又不明确时,相关执法部门之间的讨价还价余地和机会就显现出来了。尤其是在政府部门林立,部门之间职能交叉、重叠,权责不清时,交易就会发生,而且制度规定得越模糊,由此引发的交易活动就越多,交易费用也就越高。[②] 同时,执法部门林立、执法部门之间的职责交叉重叠容易导致各自为政、利益和信息的"部门所有制",这又导致部门间的协调困难和信息共享困难,为了解决这些管理困境,需要支付巨大的协调成本、信息成本,致使政府交易费用居高不下,极大地妨碍了执法职能的履行。因此,西方的行政管理体制改革就是在认识到政府交易费用存在且极其巨大的情况下,试图通过加大政府职能和机构的整合力度,实现政府职能和机构的有机统一,以减少执法部门的数量和降低交易费用。

20世纪90年代,佩里·希克斯提出整体性治理理论。希克斯则认为,整体性治理作为一种解决方式,它针对的是在20世纪80年代和90年代初政府改革所强化的碎片化状况,整体主义的对立面是破碎化。[③] 因此,整体性治理特别强调整合,试图建立的是一个跨部门的治理结构,这个跨部门的范围相当广泛,涵盖了可以实现合作的绝大多数部门,通过与这些部门的合作来实施公共治理。此外,拉塞尔·M.林登在通用公司执行总裁杰克·韦尔奇"无界限组织"的基础上创造了"无缝隙组织"的概念。无缝隙组织以一种整体的而不是各自为政的方式提供服务,而且无缝隙组织的一切都是"整体的、全盘的",它是一个完整统一的整体,无论是对公务员还是对社会公众而言,它传递的都是持续一致的信息。无缝隙组织的概念强调了一种整体性、连贯性与灵活性。其重要特征就是几乎没有分界线:清除政府内部障碍即拆除政府内部的"柏

---

① 卓越.政府交易成本的类型及其成果分析[J].中国行政管理,2008(09):38.
② 吕丽娜.基于交易费用理论的大部制改革分析[[N].湖北经济学院学报,2009(6):72.
③ 竺乾威.从新公共管理到整体性治理[J].中国行政管理,2008(10):52.

林墙"。①

因此,在现代公共事务的内在联系日益紧密的背景下,有必要按照相关、相近的执法职能由一个执法部门行使和承担的职能配置原则,进一步推进综合执法改革,实现执法职能的有机统一,解决执法中分工过细、力量不均衡的问题,实现界面无缝衔接、力量统筹调度。建议在切实转变和科学界定执法职能的基础上,整合、归并相关、相同或者相近的执法职能,把一个政府部门下设的多个执法机构原则上归并为一个,尽快实行部门内综合执法;多个部门相近领域的执法机构,按照改革的难易程度和紧迫度,逐步实行跨部门的大口综合执法。

(二) 纵向结构——执法内容适当差异化

职责同构是我国纵向政府间的主要关系模式。它是指纵向的、不同层级的政府在职能、职责和机构设置上高度统一和雷同。② 纵向政府间的职能重叠,也体现在行政执法职能的配置上,上下级的执法部门不是以应该承担的职能为基础合理划分事权,而是在"统一领导、分级管理"的思想指导下,共同参与对同一事项的执法,这也是执法机构"尾大不掉"和效率不高的原因之一。

公共行政组织层级化最早形成的就是直线式组织结构,通常情况下,它比其他社会组织"倾向于具有更高度的内部结构复杂性、中央集权化和程式化",也"倾向于具有更稳固的上下级体系和更为中央集权化和程式化的规则"。③尽管直线式、层级式的组织结构受到来自各方的强有力的批判,但是到目前为止,公共行政组织结构显然还不足以完全冲破官僚等级制组织机构所设定的框架,这主要在于层级化具有行政指令贯彻迅速,有利于监控,上级能充分调动下级积极性等优点。而且这种官僚制组织的纵向之间有明确的分工,不似我国上下机构的职责同构。一般来说,最高层次的行政组织是决策层,它着眼于全局,一般主要负责制定中长期规划或计划,确定公共行政总目标、总方向和总政策的设计问题;中层的行政组织是协调指挥层,主要负责执行最高行政组织的方针、政策和计划,协调所辖下级行政组织的管理活动;基层行政组织是技术操作层,主要责任是如何选择最有效的技术方法来完成具体的公共行

---

① 拉塞尔·M.林登.无缝隙政府:公共部门再造指南[M].汪大海,吴群芳等译.北京:中国人民大学出版社,2002:80.
② 叶麒麟.打破职责同构——政府机构改革的新思路[J].学术探索,2007(02):24.
③ 海尔·G.瑞尼.理解和管理公共组织[M].北京:清华大学出版社,2002:216.

政任务,并就所承担的公共行政任务的合理性提出反馈意见。① 通过以上这样的职责分工,避免了职责同构。但是具体到行政执法体制建设上,所有执法部门都应当属于第三层次的技术操作层,即执行层。因此,对执法部门再以官僚制的组织架构进行设计,难免会造成执法职能重叠、执法力量分散等问题。

因此,在各级政府面临着各自不同的发展和管理实际的情况下,有必要差异化地设置执法队伍,或者赋予同一系统不同层级执法队伍以不同的执法内容,试点推行与本级政府职能相匹配的执法队伍设置改革。建议针对上下级执法职能交叉的领域,要抛弃"双重领导,条块结合"的思想,而明确以哪一层级政府的领导为主,避免职责不清,互相推诿。对于各执法队伍构设到哪个层次,不必强求一致,而应根据各类事务的性质不同而定。比如,为避免地方保护、知识产权、反不正当竞争等执法,就应当以市级统一执法为主。对拆违、乱设摊等城市管理类执法则应当下沉到基层,不需再在市级层面设立执法队伍。而在体现上下级执法差异化的同时,还需要注意区分郊区县和市中心城区的差异、街道与乡镇的差异,可以根据各地方的专属职责因地制宜地设置执法队伍。

(三) 职权配置——决策职能与执法职能适当分离

20世纪70年代末在西方国家掀起了新公共管理运动。这次运动的基本特征是政府职能的退缩和市场价值的回归。其中,很重要的一点就是主张决策和执行分离。② 决策与执行分开属于行政机构内部行政权力的再分配,它体现了现代国家行政体制改革的基本趋势。

这方面的改革,英国是最突出的代表。英国政府于1988年开始推行"下一步行动计划"。其核心内容是将政府的决策制定职能与行政执行职能分离,成立行政执行机构履行行政执行职能,以改进管理和对公众的服务,实现执行职能的聚合,提升行政执行的效率。③ 在20世纪末,英国政府宣布,将把90%的政府公务员转到执行局。执行局所涉及的公共服务的范围非常广泛,包括社会福利的管理、监狱管理、证照的审核发放、就业管理、会议服务、军需供应、工商注册、专利保护、破产服务、标准计量、地产登记、药品管制、天气预报、农

---

① 教军章等.公共行政组织论[M].黑龙江:黑龙江人民出版社,2005:308.
② 石佑启,杨治坤.部门行政职权相对集中之求证与分析[N].暨南学报(哲学社会科学版),2010(03):182.
③ 石佑启.中西方部门行政职权相对集中之比较与启示[J].法学杂志,2010(02):39.

牧渔业服务等。这些执行局规模差别很大,最大的是社会福利执行局,雇员6.5万人,最小的是外交部所属的会议中心,雇员仅30人。①

英国执行局化改革的主要成效就是提高了行政效率。执行部分单独划分出来,有利于补强行政活动的薄弱环节。行政过程从动态方面看可以分为三个环节,即行政决策、行政执行和行政监督。其中行政执行是行政的中心环节,因为行政执行既是行政决策的落实,同时也是行政监督的监督对象。行政执行具有经常性、连续性和灵活性特点,这不同于行政决策和行政监督。由执行机构负责行政管理中的执行事务,将执行事务独立出来,有利于执行机构对执行事务进行专业性处理,从而可以有效提高行政效率。英国的这次改革也深刻影响了西方其他国家的公共管理的理论和实践,促使公共理论尤其是政府管理理论和实践发生重大变革。后来的德国、法国、澳大利亚、新西兰、荷兰、丹麦、芬兰等国的变革深受其影响。对于亚洲国家来说,受影响最大的是日本。日本参照英国的执行局化改革创立"独立行政法人"制度,开始大规模推行行政法人化改革。我国深圳的行政三分制改革也是受英国执行局化改革的影响。

因此,在现代公共事务的内在联系日益紧密的背景下,有必要按照相关、相近的执法职能由一个执法部门行使和承担的职能配置原则,进一步推进综合执法改革,实现执法职能的有机统一,解决执法中分工过细、力量不均衡的问题,实现界面无缝衔接、力量统筹调度。建议在切实转变和科学界定执法职能的基础上,整合、归并相关、相同或者相近的执法职能,对一个政府部门下设的多个执法机构原则上归并为一个,尽快实行部门内综合执法;多个部门相近领域的执法机构,按照改革的难易程度和紧迫度,逐步实行跨部门的大口综合执法。

在大部门体制改革的趋势下,行政权内部作科学的划分,促进行政权力的重新整合,也是大部制改革的重要内容之一。因此,建议借鉴发达国家政府职能分离的改革经验,逐步将现有以决策为主的委员会所属的执法职能剥离出来,相关执法队伍转移出去,让掌舵的专心掌舵,划桨的专心划桨,从而提高决策质量和执行效率。

---

① 大连保税区法制办公室. 决策与执行相分离、提高行政效率的成功探索[EB/OL]. http://www.dlftz.gov.cn/fzbgs/news/view_202489.html. 2011-06-06/2017-12-17.

四、进一步推进行政执法体制改革对策

（一）分类、分步推进七大系统综合执法

按照执法事项的相关性，分类分步推进七大领域的综合执法，建立和完善七个相对独立、集中统一的综合行政执法机构：

一是建立"大城管"综合执法。目前上海市城市管理已实行相对集中处罚权，城管执法机构主要承担了285项执法事项。在市级层面，由市城管执法局执法总队具体承担这些执法职能。目前，该总队为参照公务员法管理的事业单位，人员编制为80人。根据《上海市城市管理行政执法条例》第十一条的规定，城管执法机构的执法事项主要包括市容环境卫生方面的全部行政处罚权，以及市政工程管理、绿化管理、水务管理、环境保护管理、工商管理、建设管理、城乡规划和物业管理方面的部分行政处罚权。但总体上看，城市管理综合执法的力度和范围还不够，在一些环节上仍然存在界面不清的现象。如在拆除违法建筑方面，仍存在城管执法、规划国土、房屋管理等三个部门分工执法的问题，未完全实现综合执法，导致实际执法中经常出现部门间推诿扯皮、执法效率低下的现象。此外，2013年10月1日《上海市城市网格化管理办法》开始实施，明确由区（县）人民政府设立的专门机构委派网格监督员对责任网格内的部件和事件进行巡查，将发现的问题通过特定的城市管理信息系统传送至处置部门予以处置，并对处置情况实施监督和考评。网格化管理的实施，对于提高城市管理水平，保障城市安全有序运行将起到积极作用，但其与城管综合执法分别运作，仍有进一步改进的空间。为此，建议进一步扩大城管综合执法范围，将城管综合执法与网格化管理相结合，执法重点由城市市容转向兼顾城市安全。

二是建立"大交通"综合执法。2005年上海市组建了城市交通执法总队，对陆管、公交、出租、轨道、汽修等实行了部门内综合执法。目前上海市交通领域执法机构较多，除市交通港口局执法总队外，还有市航务处、市路政局、申通地铁公司等多个执法主体。从各执法机构现状来看，市交通港口局执法总队机构性质为参公管理的事业单位，人员编制为362人，主要职责为对出租车、公交、省际客运、货运、轨道交通、停车、驾培、汽修等行业的执法监管。市航务处（市地方海事局、市船舶检验处）机构性质为事业单位，人员编制为393人，主要职责为依法行使对上海市内河通航水域水上交通安全、船舶危险品和船

舶污染水域防治的监督管理,并依法实施船舶登记、船舶签证和船舶检验以及船员管理工作;依法承担上海市水路运输管理工作,并对水路运输市场依法实施监督管理;依法负责上海市内河航道的具体管理和行政处罚工作。市路政局机构性质为事业单位,人员编制为430人,主要职责为路政管理方面的行政检查、处罚与强制权。申通地铁公司为企业,根据《上海市轨道交通管理条例》的授权行使行政处罚权。总体来看,交通领域执法机构分散的问题比较突出,地面、地下、水上的交通执法权分属于不同的执法机构。2014年2月,上海市已将原市交通港口局的职能与原市建设交通委承担的交通方面的职能进行整合,重新组建市交通委员会。为此,建议结合市交通委员会的组建,将地面、地下、水上的交通执法权予以综合,组建水陆一体的城市交通综合执法机构。

三是建立"大建设"综合执法。目前上海市城市建设执法职能分散在建设、规划土地、房管、水务等部门。其中,仅原市建设交通委就有建设市场管理办公室、燃气管理处等6个与城市建设有关的执法机构。这6个执法机构的状况如下:市建设市场管理办公室为内设的行政机构,人员编制为14人;市建设工程安全质量监督总站为事业单位,人员编制为110人;市建设交通委业务受理服务中心为事业单位,人员编制为120人;市建筑建材业市场管理总站为事业单位,人员编制为90人;市建设工程设计文件审查管理事务中心为事业单位,人员编制为25人;市燃气管理处为参公管理的事业单位,人员编制为88人。上述原市建设交通委系统的执法机构共同承担了建设市场管理、市政工程质量监督、燃气管理等方面的执法职责。市规划国土资源局执法总队为参公管理的事业单位,人员编制为50人,承担违法用地行为(土地领域)和违法建设行为(城市规划领域)的制止和查处工作。市房管局由内设的执法处承担房地产管理方面的执法职责,相应的人员编制为6人。市水务局有下属的执法机构2个。其中,市水务局执法总队为参公管理的事业单位,人员编制为155人,根据法律、法规的授权和市水务局的委托,承担本市防汛、供水、排水、河道、堤防(防汛墙、海塘)、滩涂、水土保持、取水、水文、采砂等领域的行政执法工作;市水务建设工程安全质量监督中心站为事业单位,人员编制为40人,根据市水务局的委托,承担水务建设工程安全质量行政执法工作。总体来看,执法体制上的问题比较突出,城市建设领域执法队伍数量多,力量分散,未形成合力,不利于行政执法效能的提高。随着2014年2月市城乡建设和管理委员会的组建,建设领域行政执法权的整合显得尤为必要。为此,建议将相关部门和单位承担的与城市建设活动相关的执法职能予以整合归并,形成"大建设"综合执法体制。

四是建立"大文化"综合执法。目前上海市在文化领域已经成立文化市场综合执法机构,涉及文广影视、新闻出版、版权、文物、体育、旅游等领域。根据《上海市文化领域相对集中行政处罚权办法》的规定,市、区(县)两级文化综合执法机构相对集中行使文广影视、新闻出版、版权、文物管理、体育、旅游等领域的全部行政处罚权。市级层面的执法机构为市文化执法总队,其机构性质为参公管理的事业单位,人员编制为80人。目前,文化领域综合执法存在的突出问题是综合执法范围不够合理,例如旅游、版权等领域的执法事项从性质上而言更接近于市场秩序的维护,而教育、科技等性质上与文化更接近的领域却未纳入综合执法范围,导致大文化领域仍存在多个执法机构。如市教委下属的市教育督导事务中心,机构性质为事业单位,人员编制为15人,受市教委委托承担教育领域的执法职责。市科委下属的市技术市场管理办公室,机构性质为参公管理的事业单位,人员编制为20人,承担技术市场领域的执法职责。为此,建议结合市文化委员会的组建,调整文化领域综合执法范围,将教育、科技等执法事权予以综合,将旅游、版权执法调整到市场秩序综合执法,完善文化综合执法体制。

五是建立"大市场"综合执法。目前,市场监管方面的行政执法权分属于工商、质量技监、物价、商务、经济信息化、知识产权等部门。如工商部门全系统的执法机构均为行政机关,其中市工商局人员编制为201人,市工商局检查总队人员编制为100人,市工商局机场分局人员编制为52人,自由贸易试验区分局人员编制为40人;同时还有17个区县分局和18支区县检查支队,175个工商所。工商部门依法承担市场经济秩序监督管理、服务领域消费维权、监督管理各类消费品市场和生产资料市场、查处商标侵权行为等多项行政执法职责。质量技监部门在市级层面主要包括市质量技术监督稽查总队、市纤维检验所两个执法机构。其中,市质量技术监督稽查总队为参公管理的事业单位,人员编制为77人,主要承担计量、标准化、产品质量、特种设备、认证、生产许可证方面的执法职责;市纤维检验所为事业单位,人员编制为46人,主要承担棉花质量、纤维制品方面的执法职责。另外,市物价局目前所属的执法单位为市价格监督检查与反垄断局,并以市物价局的名义开展执法工作。市商务委所属的执法单位为市酒类专卖管理局,专门负责本市酒类产销方面的管理工作。市经济信息化委所属的执法机构有市节能监察中心、市征信管理办公室、市无线电管理局和市盐务管理局,分别承担节能监察、征信管理、无线电管理和盐务管理相关执法工作;市经信委下设上海保护电力设施和维护用电秩序规定实施办公室,对外以市经信委名义开展电力设施保护等执法工作。市知识产权局内设的政策法规处,主要承担专利方面行政执法。可见,市场监管领域执法机构林立的现象非常明显,难免会引起多头执法、执法扰民等问题。如工商部门与商务部门在整顿和规范市场秩序方面存在职责交叉,与质量技监部门在流通领域商品质量监管方面存在职责交叉,与物价部门在市场价格管理方面存在职责交叉。

十八届三中全会明确提出"改革市场监管体系,实行统一的市场监管"的要求,为建立"大市场"综合执法体制指明了方向。目前,浦东新区已组建市场监管局,承担原市工商行政管理局浦东新区分局、浦东新区质量技术监督局、市食品药品监督管理局浦东新区分局的职责。浦东的试点将为下一步建立"大市场"综合执法体制提供重要的实践经验。为此,建议逐步将工商、质量技监、物价、商务、经济信息化、知识产权等部门关于对违法经营、价格垄断、不正当竞争、侵犯知识产权等破坏市场秩序行为的执法权进行综合,探索全市层面的市场监管综合执法。

六是建立"大社保"综合执法。目前,上海市劳动就业和社会保障执法职能分散在人保、民政、房管等部门及其相关事业单位。如市民政局下属的执法单位有4家,具体如下:市社团局行政,机构性质为行政机关,人员编制为50人,主要承担社会组织方面的执法职责;市社团监察总队,机构性质为参公管理的事业单位,人员编制为30人,主要承担社会组织、民政方面的执法职责;市殡葬管理处,机构性质为参公管理的事业单位,人员编制为16人,主要承担殡葬管理方面的执法职责;市社会福利企业管理处,机构性质为参公管理的事业单位,人员编制为15人,主要承担社会福利企业方面的执法职责。市人力资源社会保障局下属的执法机构有4家,即市劳动保障监察总队、市医疗保险监督检查所、市社会保险事业基金结算管理中心、市就业促进中心。这4支执法队伍分别承担劳动保障监察、医疗保险监督、社保基金结算、就业促进方面的执法职能。此外,市房管局承担的住房保障方面的职责也与社会保障相关,市公积金管理中心还承担了住房公积金管理方面的执法职能。为此,建议将有关劳动就业和社会保障等方面的执法职能予以综合,强化信息共享,组建劳动和社会保障综合执法机构。

七是建立"大农业"综合执法。据了解,市农委目前有12个承担执法任务的机构,其中7个是事业单位。这7个事业单位具体如下:市渔政监督管理处,人员编制为50人;上海渔港监督局(上海渔业船舶检验局),人员编制为65人;市动物卫生监督所(市兽药饲料监督所),人员编制为180人;市农机安全监理所,人员编制为12人;市长江口中华鲟自然保护区管理处,人员编制为20

人;市种子管理站,人员编制为20人;市农技中心(市农药检定所、市植物保护植物检疫站、市土肥站),人员编制为140人。上述执法机构分别行使渔业管理、渔港管理、渔业船舶检验、动物卫生监督、兽药饲料监督、植物检疫、中华鲟自然保护区管理、农业机械安全管理、农机事故处理、农产品质量安全、农药管理、种子管理、基本农田保护、肥料登记管理等领域的执法职责。农业系统内部"七站八所"现象突出,执法机构过于细分,各执法机构承担的执法职责过于单一。为改变这种现象,2009年以来,上海市推进区县农业综合执法,实行一个执法机构,挂多个牌子,但是市级层面农业综合执法一直没有启动。为此,建议下一步在全市推开,将农委及其下属单位的相关执法职能归并到农业综合执法机构,实现农渔畜一体的农业综合执法。

(二)强化技术性较强执法部门的专业性执法

在分类分步推进七大领域综合执法的同时,对于执法中因专业技术要求高而无法纳入综合执法的执法事项,相关行政执法部门的执法权限不能弱化,而是应当进一步强化,以保证法律法规的全面正确实施,切实维护人民群众的合法权益、经济社会秩序。

从长期的执法实践来看,目前执法中不但对专业技术要求高,而且公众关注度也很高的专业性较强的行政执法主要涉及两个领域:一是食品安全领域;二是环境保护领域。

1. 继续推进食品安全领域的专业性执法

我国涉及食品质量安全管理的行政部门包括:食品药品监督管理部门、工商行政管理部门、质量检验检疫部门和农业部门等多个行政部门。按照现行法律规范的规定,不同的行政部门在食品质量安全管理中承担着不一样的职能,实行的是"分段式"的共同管理。也就是说,从"田头到餐桌",从"生产、加工到流通",不同环节由不同部门管理。2013年12月,上海市将原由质量技术监督部门承担的食品生产环节、工商行政管理部门承担的食品流通环节安全监管工作,划归至新成立的上海市食品药品监督局。由食品药品监督局全面履行本市食品生产、流通、餐饮服务环节全过程的食品安全监管职能。这一调整,就是为了强化食品药品监督局在食品药品监管领域执法的专业性,从而在一定程度上弥补"分段式"管理造成的食品安全监管中的空白和盲区。为全面保证食品安全,维护广大人民群众的合法权益,建议继续推进食品安全领域的专业性执法,具体包括:

一是继续扩大市食品药品监督部门的执法事权。农产品,是食品的重要组成部分,要让广大人民群众真正全面地吃上安全放心的食品,对农产品的安全也必须予以关注。因此,有必要逐步将在农村经营的农民个人销售自产食用农产品的执法事权转移至食品药品监督局,实现"从田头到餐桌"的全链条无缝隙安全监管。

二是完善市场准入制度。市场准入制度是保障食品安全和交易的"看门人",目前我国食品市场准入制度还不是很健全,特别是对于分散在各地的农贸批发市场中农产品的准入制度,需要尽快完善。包括市场准入的条件、标准和程序等。

三是建立保障食品安全的管理机制。强化食品安全专业性执法,需要建立相关的执法机制予以保障,比如：建立企业向管理机关通报不符合法律规定要求的产品信息机制、要求有关组织提供农药的使用记录机制、食品企业向食品管理部门登记并报送产品清单机制、食品企业保存与食品安全有关的生产和销售记录机制以及要加强食品生产源头的控制机制、建立健全产地监测与评价机制等。通过各种机制建设保障专业执法部门能够更好行使行政处罚、行政许可、行政强制等执法权限。

2. 扩大环境保护部门的执法事权。随着人民群众生活质量的不断提高,环境保护问题越来越广受关注。但是,环境保护执法与公众对环境保护的要求还存在较大的差距。

目前,我国有关环境保护的行政执法权限分散在经信委、建交委、交港局等不同的行政管理部门,每个行政管理部门涉及的有关环境保护的执法事项和执法内容又不尽相同。也就是说,在环境保护执法方面,我国实行的是"分散式"的执法体制。然而,随着经济快速发展,城市化进程的进一步扩大,环保部门执法面临尴尬。目前,对环境造成污染的污染源主要集中在重工业污染、交通尾气污染、道路交通及建筑扬尘污染,而环保部门的执法工作主要对重工业污染,对"点"上的工业区比较有效,对于交通扬尘、交通尾气、建筑扬尘等流动性较强的污染却因为与相关行政主管部门存在职责上的交叉,执法效果欠佳。因此,有必要强化环境保护部门的专业性行政执法工作。具体包括：

一是进一步强化环境保护行政部门的执法事项。将现在分散在经信委、建交委和交港局等有关节能减排、环境保护的执法事权归并至环境保护行政部门。

二是赋予环境保护行政部门必要的强制执法手段。强化环境保护行政部门的专业性执法,除了要改善环境保护行政部门环境检测仪器等辅助设施和手段外,更应当赋予环境保护行政部门更多的执法手段。比如:查封、扣押、没收等,落实对违法排污企业"停产整顿"和出现严重环境违法行为的"停批停建项目"权,不惜让超标排污企业关闭,从而促使污染企业自觉调整自己的行为。同时,要从税收、金融等经济政策方面给予自觉遵守环境法律法规的企业支持和鼓励,使其得到实惠,从而降低守法成本。

三是建立公众参与环境执法的机制与制度。在强化环境保护行政专业执法中,既要充分发挥行政执法机构的执法职能,也要充分发挥公众外部监督、企业内部监督的作用,形成相互制衡的"三元环境执法监督体系"。

(三) 转移以决策职能为主的部门的执法权

将发改委、经信委、商务委、建交委、卫计委、教委、科委、农委等决策部门的执法职能剥离出来,将执法权转移出去。

目前,上述8个委员会均承担行政执法职责,有的执法事项还比较多。有的通过法规授权或者规章委托下设的事业单位进行执法,有的只是与下设事业单位建立事实委托的关系,还有的由内部处室进行执法。据统计,上述8个委员会共有41个承担执法任务的机构,其中22个是事业单位(见表6.4)。

表6.4　　市级以决策为主的部门相关执法机构情况表

部门	承担执法任务的机构	单位性质	备注
市发改委	市发改委	行政机关	
	市物价局	行政机关	市发改委挂牌
	市价格监督检查与反垄断局	行政机关	以物价局名义执法
市经信委	市经信委	行政机关	
	市国防科技工业办公室	行政机关	市经信委挂牌
	征信管理办公室	行政机关	
	节能监察中心	事业单位	参公
	无线电管理局	事业单位	
	盐务管理局	事业单位	
	市保护电力设施和维护用电秩序规定实施办公室	事业单位	
市商务委	市商务委	行政机关	
	市酒类专卖管理局	事业单位	

续表

部门	承担执法任务的机构	单位性质	备注
市建交委	市建交委	行政机关	
	上海市交通战备办公室	行政机关	市建交委挂牌
	上海市建筑市场管理办公室	行政机关	执法由事业单位承担
	上海市路政局	事业单位	
	上海市燃气管理处	事业单位	
	市建设工程安全质量监督总站	事业单位	以市建交委、市建筑市场管理办公室名义执法
	市建交委业务受理服务中心		
	市建设工程设计文件审查管理事务中心		
	市建筑建材业市场管理总站		
市卫计委	市卫计委	行政机关	
	市爱国卫生委员会办公室	行政机关	
	市卫生监督所	事业单位	即将参公
	市血液管理办公室	事业单位	
市教委	市教委	行政机关	
	市教育督导事务中心	事业单位	
市科委	市科委	行政机关	
	市技术市场管理办公室	事业单位	参公
市农委	市农委	行政机关	
	市水产办公室	行政机关	市农委挂牌,目前统一以市农委名义执法。
	市农机管理办公室		
	市畜牧办公室		
	市饲料工作办公室		
	上海渔港监督局	事业单位	一个机构两个牌子
	上海渔业船舶检验局		
	市渔政监督管理处	事业单位	
	长江口中华鲟自然保护区管理处	事业单位	
	市农机安全监理所	事业单位	
	市动物卫生监督所	事业单位	一个机构两个牌子
	市兽药饲料监督所		
	市种子管理站	事业单位	
	市农药检定所	事业单位	三个单位牌子均挂在市农技中心,编制未做区分。
	市植物保护植物检疫站	事业单位	
	市土肥站	事业单位	

以上表格清楚地显示了目前这8个委员会决策权、执行权、监督权交织在一起的现状，特别是既决策又执行的问题比较突出，即委员会既负责宏观层面的决策，又同时负责微观层面的行政执法。如发改委的审批集中在项目审批，有30多项，行政处罚集中在价格执法，有6项。目前，市发改委加挂市物价局的牌子，同时，市发改委发文明确市价格监督检查与反垄断局以市物价局的名义实施行政处罚。经信委的执法权跨度比较大，执法职能涵盖工业、能源（包括工业节能）、无线电、征信等多个领域，执法主体除了市经信委外，还有市节能监察中心、市征信管理办公室、市无线电管理局、市盐务管理局等多个执法机构。市商务委的执法事项不多，具体执法事项均由相关处室负责。其下属的市酒类专卖管理局只负责酒类流通的监督管理工作。原市建设交通委的执法权虽然集中在建设领域，但是项目很多，包括建设工程、建筑节能、燃气、城市道路公路、架空线等多个方面，执法主体除了原市建设交通委外，还有市建筑市场管理办公室（市建材市场管理办公室）、市燃气管理处、市市政工程质量监督站等多个执法机构。市卫计委的执法事项比较集中，执法主体除了市卫计委外，还有市爱国卫生运动委员会办公室、市血液管理办公室等。市教委的执法事项均集中在办学方面，日常执法监督主要由其下属的市教育督导事务中心承担，但是以市教委的名义进行处罚。市科委的执法事项较少，其下属有法定执法权的主体也只有市技术市场办公室，具体日常监管均是由下属相关事业单位进行，但是以市科委的名义进行处罚。市农委的执法事项比较多、内容跨度大，包括农药、渔业、农产品、渔政、动物检疫等不同对象，执法主体除了市农委外，还有市渔政监督管理处、上海渔港监督局（上海渔业船舶检验局）、市动物卫生监督所（市兽药饲料监督所）、市农机安全监理所、市长江口中华鲟自然保护区管理处、市种子管理站、市农技中心（市农药检定所、市植物保护植物检疫站、市土肥站）等执法机构。

行政执法的过多介入，必然会影响决策职能的正常履行。党的十八届三中全会通过的《中共中央关于全面深化改革若干重大问题的决定》明确指出，"优化政府机构设置、职能配置、工作流程，完善决策权、执行权、监督权既相互制约又相互协调的行政运行机制"。我们认为，根据十八届三中全会精神，发改委等8个委员会的主要职责应当是进行政策研究和制度设计，其工作重心应当是制定政策、规划、标准。同时，按照国务院办公厅、中央编办关于开展综合执法试点实施"两个相对分开"的精神，要将政策制定职能与监督处罚职能相对分开，监督处罚职能与技术检验职能相对分开。为此，建议结合大城管、大交通、大建设、大文化、大市场、大社保、大农业等七大领域综合执法的推进，剥离上述8个委员会所属的监督处罚职能，对相关的执法机构进行整合归并，部分执法职能经归并后，纳入相应的大系统综合执法。例如，将发改委承担的价格执法职责以及经信委、商务委承担的全部执法职责归并于"大市场"综合执法；将原建设交通委承担的执法职责归并于"大建设"综合执法；将教委、科委承担的全部执法职责归并于"大文化"综合执法。相关行政执法职能剥离后，这8个委员会可以更为科学、高效地承担决策职能。

(四) 合理界定街镇承担的职责与执法任务

街镇，处于我国政权体系中的最基层。据统计，上海市目前共有98个街道、108个镇。街道平均常住人口为9.49万，镇平均常住人口约12.2万，其中超过20万的镇有21个。街镇实际承担了大量的社会管理事务，在上海市"两级政府、三级管理"的体制中发挥了重要作用。

但是，近几年，随着职能部门分工的精细化和专业化，市、区两级政府及其职能部门以非法定委托的方式，将一些执法事项，派发给街道办事处和乡镇政府处理。这些执法事项，有的是一次性任务，有的是由一次性任务逐渐演变为一种惯例而成为长期性任务，从而导致目前街镇层面社会管理和执法任务都比较重的局面。因此，在下一步的行政执法体制改革中，有必要合理地界定街镇承担的职责与执法任务，使街镇能够更好地发挥基层政府的作用：

1. 规范非法定委托事项，严格实行分级执法

一级政府，一级事权；两级政府，两级管理。街镇层面目前承担的工作，除法定授权和上级政府交办的工作事项外，还有一大块就是上级政府及其职能部门委托的工作事项。非法定委托，是街镇执法工作、管理工作大增的主要原因，是今后一段时间，亟须区级政府进行清理和规范的领域。对于非法定委托，应当区别执法事项和非执法事项分别予以处理：(1)撤销执法事项的委托。市、区两级政府及其职能部门将本属于市或区级职能部门的执法事项擅自委托给街镇，肯定是不符合法律规定的，因此，必须坚决予以撤销。在街镇层面，对于分别属于市、区和街镇的执法事项，应当严格按照法定权限分级执法。(2)规范非执法事项的委托。非执法事项，即上级政府及职能部门将部分非执法类的管理事项委托给街镇。这部分委托事项，严格意义上讲，没有违反法律规范的刚性规定，但是在很大程度上增加了街镇的任务和负担。对于这部分委托事项，今后总体上应当按照"行业管理以区县职能部门为主、充分发

挥乡镇政府的地域优势"的原则,区别不同情况适当委托。比如:将派驻街道办事处和乡镇政府的农技、经管、畜牧、兽医、农机、林业、水利、文化、广播电视、计划生育、村镇建设等技术服务性和社会服务性机构的人、财、物,在街道办事处和乡镇政府可承受的范围内"下放"给街道办事处和乡镇政府管理,区级职能部门主要进行业务指导和监督;对于某些专业性、技术性较强的行政监管事项,则应由区职能部门为主实施管理,乡镇政府予以配合。对这些非执法类的委托事项,一方面履行合法的委托管理程序,另一方面,要严格将这一范围限定在科学合理以及街道办事处和乡镇政府可承受的范围之内。同时,对委托的职能部门也应当有要求,即不能"委托了事"。

通过规范非法定委托事项,在街镇层面实现法定职能各归其位——依法应由上级政府承担的职能,还由上级政府承担;纯粹属于区级职能部门的职责还给职能部门,逐步减少直到杜绝职能部门将应尽的职责任务分解到街道办事处和乡镇政府的倾向,为街道办事处和乡镇政府依法行政工作创造良好的外部环境。

2. 强化统筹协调职能,加强对基层执法队伍的管理

街镇和市、区两级执法部门虽然承担的具体职责不同,但两者都属于政府体系,各执法部门的工作需要街镇的支持和帮助,而街镇的各项工作在各执法部门的协作配合下,才会开展得更加顺利,因为街镇和行政执法部门之间在行政管理上的目标是共同的。

一是强化街镇的组织协调功能。按照《组织法》及《上海市街道办事处条例》等法律规范的规定,街镇作为一级政府的派出机构和一级政府,对管理好辖区内的各项事务负有一定的法定责任。同时,其也具有组织、协调辖区内各行政执法机构的职能。比如:《上海市街道办事处条例》第11条的规定:街道办事处有权组织、协调辖区内的公安、工商、税务等机构,依法支持、配合街道监察队的执法活动。但是,随着职能部门分工的精细化和专业化,街道办事处和乡镇政府的组织协调功能在过去一段时间逐渐被弱化,渐渐演变为配合、参与职能部门的行政执法工作。在下一步的行政执法体制改革中,应当强化街镇在辖区行政执法工作中的组织协调功能。对于街镇没有执法权限,但是负有公共管理职能的事项,街镇的定位应当是协助,即协助执法与协助管理,具体的执法任务,还是应当由执法部门承担。对于在街镇辖区查处的违法行为,需要多部门联合协同执法的,街镇从责任政府的角度来讲,其具有组织协调辖区各行政机构的职能,具有一定的主导性,对于街镇的组织协调,各执法部门

应当配合和支持。

二是加强街镇对基层执法队伍的管理。目前上海市各区县的很多街镇都在探索实践"联勤联动"机制。在"联勤联动"机制中,区县职能部门派驻街镇的执法力量,与街镇所属的执法力量被统一混编成"联勤联动"队伍,街镇对"联勤联动"队伍具有调度指挥权。在"联勤联动"队伍中,对区县职能部门派驻街镇的执法人员实行双重领导,即要接受上级业务部门的领导,也要接受街镇政府的领导,并通过赋予街镇对区县职能部门派驻执法人员的定期考核,加强了街镇对职能部门派驻队伍和人员的管理。

3. 开展较大镇综合执法试点

根据三中全会决定,"对吸纳人口多、经济实力强的镇,可赋予同人口和经济规模相适应的管理权"的精神,建议按照差别化管理的原则,对常住人口20万以上的较大镇可以借鉴周边省市经验,授权镇政府开展综合执法试点工作,加快郊区城乡一体化发展。上海市"联勤联动"的探索实践也表明,街镇通过"联勤联动"指挥平台,对成员单位和纳入"联勤联动"的执法事项的统一指挥,在很大程度上改变了目前街镇层面执法效率低下的问题,提高了街镇层面的执法效能。这说明在特定的区域范围内,对于一些分段或跨领域的执法事项,可以通过街镇的组织协调,统一指挥,实现执法的高效化。

4. 放宽街镇执法证关于执法种类的限制

从上海市目前的实际情况来看,街镇执法人员的编制和数量相对较少,一机构多功能,一干部多职务是街道办事处和乡镇政府的常态。比如:街镇有关计划生育的执法事项,有些街镇只有一名持有执法证件的执法人员。因此,需要优化街镇对其所属执法人员的调配使用。为实现街镇对所属执法人员的合理调配,建议调整现行执法证标明具体执法种类的做法,对于街镇所属的在编执法人员,统一标注"街镇执法事务综合管理",由街镇统一调配使用。

第七篇　上海建设全球科创中心市场环境分析

一、上海建设全球科创中心的意义及目标

（一）上海建设全球科创中心的意义

2008年全球金融危机爆发之后，全球经济发展格局与科技创新呈现出新的动向和趋势。中国的崛起正在改变原有的全球经济发展格局，经济竞争规模在进一步加剧产业竞争格局，新技术的不断涌现促进了产业快速的向前发展，改变了原有的生产方式、商业模式和组织管理模式。新的经济模式、新的消费模式的出现，不仅改变了人类的生活方式，也改变了原有的生产组织结构和现有的驱动经济发展的动力模式。中国经济正面临着外部环境和自身发展条件的深刻变化，原有的低成本比较优势正在丧失，资源环境压力已达到或接近上限，全球新一轮科技发展和产业革命的浪潮以及美国"再工业化"、德国"工业4.0"等发达国家创新战略的推进等，对中国经济发展的未来形成了巨大的压力，令我们比以往任何时候都更加需要强大的科技创新力量。

习近平总书记在2014年两院院士大会上强调，"科技是国家强盛之基，创新是民族进步之魂"。2014年5月，习近平总书记在上海考察调研时指出，科技创新已经成为生产方式和生活方式革命进步的强大引领。上海作为全国最大的经济中心城市，其经济的发展也步入了新的发展阶段。自改革开放以来，伴随着中国经济的高速增长，上海实现了一个长期而快速的发展阶段。但是目前，上海经济增速逐渐降低，最近几年更是长期低于全国平均水平，自身经济的发展转型面临严峻挑战。在这样的大背景下，上海打造具有全球影响力的科技创新中心，是上海城市实现创新驱动转型发展的内在要求，是赢得新一轮产业革命的必要手段，也是适应国家新一轮重大发展战略决策的必然要求，

以及驱动长三角经济协同创新发展的必要途径①。

上海建设全球科创中心是上海城市实现创新驱动转型发展的内在要求。首先，从上海城市发展的历史、现状及前景来分析，上海打造具有国际影响力的科技创新中心势在必行，上海拥有创新的"基因"，上海曾被誉为"东洋明珠"，也曾是中国乃至全球重要的创新、创业城市，是中国近代民族工业的发源地之一。中华人民共和国成立之后，上海作为共和国的重要工业基地，为中国现代工业的发展做出了巨大贡献。改革开放后，特别20世纪90年代以来，上海通过技术引进、改造传统落后的产业部门，大力发展高新技术产业和战略性新兴产业。其次，从城市发展战略来看，上海打造全球具有影响力的科技创新中心是20世纪90年代国家建设上海"四个中心"战略的延伸和升级。国际经济中心、金融中心、贸易中心和航运中心的建设是国家发展战略的重要一环，要实现这一战略目标离不开科技创新支持。

上海建设全球科创中心是驱动长三角经济协同创新发展的必要途径。从区域经济发展的视角来看，上海打造全球具有影响力的科技创新中心是长三角城市群实现协同创新发展的重要途径。上海作为长三角城市群的中心城市、领头羊，其功能与作用主要体现在各种要素资源的集聚与辐射，通过人流、物流、资金流、技术流、信息流的集聚和辐射引领和促进周边城市的产业发展、科学技术进步。在经济发展的新常态形势下，特别是随长江经济带发展战略、丝绸之路经济带和21世纪海上丝绸之路倡议的提出和实施，上海作为国家战略布局的龙头与核心节点城市，更有必要形成全球科技创新中心，集聚更多的科技创新资源，发挥其高端引领、产业提升、先行先试、辐射带动的龙头示范作用。

上海建设全球科创中心是赢得新一轮产业革命中国家实力竞争的必要手段，也是适应国家新一轮重大发展战略决策的必然要求。目前中国经济进入了一种新常态，如何在复杂多变的世界经济环境中，实现从"大国"向"强国"的转变，是未来中国经济发展的关键所在，也是国家发展战略的核心。科技创新是其必要的手段、重要的抓手。

中国经济全球地位的变化，需要与之相适应的科技力量作支撑。国家发展战略要求上海建设好全球科创中心。2014年5月，习近平总书记在上海视

---

① 雷新军，周佳雯.上海打造全球科技创新中心的战略路径与对策研究[C]//上海经济发展报告2015，北京：社会科学文献出版社，2015.

察工作时,要求上海要立足国内、放眼全球,实施创新驱动发展战略。强调"当今世界,科技创新已经成为提高综合国力的关键支撑,成为社会生产方式和生活方式变革进步的强大引领,谁牵住了科技创新这个牛鼻子,谁走好了科技创新这步先手棋,谁就能占领先机、赢得优势"。

(二) 上海全球科创中心建设的目标

(1) 科技创新体系

早在1912年,熊彼特(J. A. Schumpeter)在其《经济发展理论》一书中首次提出了创新的概念,指出创新是"企业家实行对生产要素的新的结合",认为创新的范围包括开发新产品、引入用新的生产方法或工艺流程、拓展新市场、发现新材料和采用新的组织形式等五个方面。1939年,熊彼特在《商业周期》(Business Cycles)一书中进一步完善了创新理论,同时也指出发明创造与技术创新是有别的。1951年,索罗(S. C. Solo)在对技术创新理论进行系统研究后,发表了《资本化过程中的创新:对熊彼特理论的评论》一文,提出了技术创新的两个条件,即新思想来源和以后阶段的实现发展。索罗的"两步论"为技术创新的概念界定奠定了基础。厄特巴克(J. M. Utterback)在《产业创新与技术扩散》中指出,"与发明或技术样品相区别,创新就是技术的实际采用或首次应用"。1982年,弗里曼(C. Freeman)认为创新不仅仅是思想,而是要将新的思想转化到生产中、投入到产品的开发和运用中,是把技术运用到商业中去,产生一定的效益,并指出技术创新就是新产品、新过程、新系统和新服务的首次商业性转化。

如以上所述,尽管理论界对科技创新的研究成果很多,但至今对这一概念仍未能形成严格统一的界定,存在不同的解释。20世纪80年代中期,缪尔塞(R. Mueser)搜集、整理分析大量的有关技术创新文献资料后,发现仅有近四分之一的论文对"创新"有明确的界定,而约有四分之三的论文对技术创新的界定接近于以下表述:当一种新思想和非连续性的技术活动,经过一段时间后,发展到实际和成功应用的程度,就是技术创新。他认为"创新是以其构思新颖性和成功实现为特征的有意的非连续性事件"。

科技创新体系由以科学研究为先导的知识创新体系、以标准化为轴心的技术创新体系和以信息化为载体的现代科技引领的管理创新体系三个部分构成。这三者紧密相关,彼此推进,相互影响。科技创新体系的核心是知识创新,是新的思想观念和理论产生的基础,为人类认识世界和改造世界提供新的世界观和方法论；技术创新体系是科学技术发明创造的价值实现过程，其作用是推动科学技术进步与应用创新，促进社会生产力的发展；管理创新体系包括制度创新和管理创新两个层面，前者指宏观管理层面上的社会政治、经济和管理等方面的政策及各种制度等创新，后者是指微观管理层面上的管理方法等创新。

20世纪80年代，弗里曼、朗德威尔（Bent-Ake Lundval）等学者提出了国家创新体系（National Innovation System，NIS）的概念，其后不少学者从不同的视角对国家创新体系进行了深入研究，而且这一概念被广泛运用。费里曼等学者认为，国家创新系统是由企业、大学和政府机构以及相关制度因素等构成的网络系统，这些机构组织的活动和相互影响促进了技术的发展、引进、改进和扩散。而朗德威尔等人认为，国家创新系统是由企业、大学和政府机构组成的网络系统与政府的政策、规划和资助等的结合。

美国是创新大国，拥有较为完善的国家创新体系。美国的国家创新体系由创新执行机构、创新基础设施、创新资源、创新环境和国际交流与合作五个部分构成。创新执行机构是指从事创新活动的企业、大学、科研机构以及科技服务中介机构等组织，其中：企业是技术创新的核心，大学是知识创造传播的主体，科研机构是知识创造和技术创新的补充力量，科技服务中介机构是国家创新系统的重要节点。创新基础设施是指支撑创新活动的"硬软件"，包括科研设施、信息网络、图书馆以及科技创新相关的技术标准、数据库等基本条件；创新资源是指创新人才、科技金融和信息资源等；创新环境是指激励创新活动的制度和创新文化、包括法律法规、创新激励政策、创新服务和鼓励创新的社会文化氛围；国际交流与合作是指国家创新体系参与国际交流与合作，包括人才、创新活动等国际交流与合作。构成国家创新体系的五个方面不是独立的，而是相互密切关联、缺一不可的，只有当每个部分均衡发展、充分协调时，国家创新体系才能发挥有效的作用。

1997年，经济合作与发展组织（OECD）发布了《国家创新体系》研究报告，该报告指出："创新和技术进步是创造、传播、应用各种知识的行为者之间错综复杂关系的结果。一个国家的创新绩效在很大程度上依赖于这些行为者作为知识生产和使用的合作系统中的元素是如何相互关联以及它们使用何种技术。"换而言之，国家创新体系是一个由不同的创新行为主体构建的科技创新共同体，并通过各行为主体之间的相互作用推进科学技术进步。

同时，OECD报告分析认为，国家创新体系是一个动态的系统。这一系统的形成与作用,主要依赖于四个因素的形成。一是动力因素,即影响企业及科研机构等创新主体进行创新的直接动力;二是转移因素,即创新知识、信息、文化和经验传播等;三是创新基础因素,即知识的积累和创新机构的形成,包括大学、基础研究、研发机构和技术培训系统等;四是环境因素,即创新的氛围、激励机制和基础设施等,如国民教育、通信等基础设施、财政金融及产业政策等。

从发达国家的科技创新体系建设经验来看,创新主体与创新环境的形成是推进科技创新体系建设的关键。创新主体,即企业、高校、科研机构、政府、中介机构等,是创新执行机构,也是科技创新体系的行为主体。创新环境,即创新资源、创新机制、创新环境、国际交流与合作等,是创新主体进行创新活动的支撑。在创新系统中,创新主体与创新环境之间是一个互动关系,彼此联合与促进,共同推进技术创新和国家整体经济社会的发展。

(2) 上海全球科创中心的目标

2015年5月25日,上海市委、市政府颁布了《关于加快建设具有全球影响力的科技创新中心的意见》。该《意见》明确地提出了建设全球具有影响力的科技创新中心的奋斗目标,即"努力把上海建设成为世界创新人才、科技要素和高新科技企业集聚度高,创新创造创意成果多,科技创新基础设施和服务体系完善的综合性开放型科技创新中心,成为全球创新网络的重要枢纽和国际性重大科学发展、原创技术和高新科技产业的重要策源地之一,跻身全球重要的创新城市行列"。为了实现这个目标,《意见》明确提出了"科技创新中心"建设的"两步走"规划:第一步到2020年前,要形成科技创新中心基本框架体系,为长远发展打下坚实基础;第二步到2030年,要形成科技创新中心城市的核心功能,在服务国家参与全球经济科技合作与竞争中发挥枢纽作用,走出一条具有时代特征、中国特色、上海特点的创新驱动发展的新路,基本形成较强的集聚辐射全球创新资源的能力、重要创新成果转移和转化能力、创新经济持续发展能力,初步成为全球创新网络的重要枢纽和最具活力的国际经济中心城市之一。最终要全面建成具有全球影响力的科技创新中心,成为与我国经济科技实力和综合国力相匹配的全球创新城市。同时,《意见》针对目前上海科技创新的现状及瓶颈,从创新型体制机制、创新创业人才、创新创业环境、重大科技创新布局四方面出台了一系列改革举措。

在体制机制上,强调突出市场配置资源的决定性作用,突破产学研用结合的体制机制障碍。在创新人才方面,聚焦引进培养、使用评价、分配激励三个环节,提出出台一批先行先试的政策措施,努力择天下英才而用之。在推进创新环境方面,提出着力破解"四个难题",即创新成果转化难、创新企业融资难、草根创业难、知识产权保护难。在重大科技创新布局方面,强调要坚持三个原则:一是放眼世界,要有国际影响力、竞争力,符合科技进步大方向和产业变革大趋势;二是服务国家重大发展战略,一定是国家迫切需要、核心利益所在、打破国际垄断的;三是上海有基础、有能力,可以形成合力、能突破的。《意见》还在基础研究、应用研究、区域布局三方面提出了具体任务。

(三)全球科创中心的主要特征

2001年,联合国开发计划署公布了全球46个技术创新中心城市名单,其中既有纽约、伦敦、巴黎等国际大都市,也有硅谷、班加罗尔、新竹等新兴创新城市,但没有一个中国大陆城市。从46个全球技术创新中心城市的创新活动来看,每个城市都有鲜明的特征。东京、纽约等城市不仅拥有大量的创新资源,各类大学、科研机构、大型跨国企业总部或区域性总部云集,而且也有较完善的科技创新服务体系和创新网络,这些城市表现出较强的知识创造以及技术创新、新技术产业化的能力,对全球科技创新具有较大的影响力。美国的硅谷、中国台湾的新竹、印度的班加罗尔等均为20世纪70年代以后随着全球信息技术的迅速发展而崛起的城市,这些城市通过"引进"创新资源,在信息技术和高新技术等领域展现出较强的技术创新和新技术产业化能力,并在全球产生了较大的影响。德国的巴伐利亚和美国的芝加哥等老工业城市,在20世纪70年代以后的转型发展过程中,通过市场机制和管理创新,使其城市拥有的工业基础条件与各种创新资源相结合,完成了从工业生产基地型城市向全球科技创新城市的转型,再度彰显出创新的活力。这46个技术创新城市,尽管其功能、创新领域各有侧重,但作为全球新知识、新技术、新产品和新模式的创新源头和生产中心,在科技创新方面具有以下五个共同的功能特征。

一是科技创新资源集聚功能。全球科技创新中心通常具有较强的科技创新资源和优化配置功能,这些资源包括高校、科研机构、企业研发机构、创新人才、创新配套设施等。

二是科技创新成果转化功能。全球科技创新中心通常在科技成果的转化和产业化方面拥有较为成熟、高效的促进机制,相关中介服务的市场化和国际化程度较高。

三是科技创新支撑功能。全球科技创新中心在创新扶持、人才激励、科技金融支撑、科技创新培训、创新中介等方面形成较为完备的系统,为科技创新活动提供了体系保障。

四是科技创新文化功能。全球科技创新中心具有"鼓励创新、宽容失败"的文化氛围,创新人才勇于尝试、勇于冒险、勇于竞争、乐于创新、乐于创业。

五是科技创新国际交流与合作功能。全球科技创新中心通常具有国际化、开放性的科技创新环境,不仅拥有来自不同国家和文化背景的高素质科技创新人才,还建立了紧密的国际科技创新合作网络。

二、国外城市科技创新的经验

(一) 美国硅谷

硅谷位于美国加利福尼亚州旧金山以南,包括圣塔克拉拉郡以及其与圣·蒙特尔、阿拉米达、圣塔克鲁兹等郡邻近的部分,总面积约 3 880 平方公里,硅谷的计算机公司已经发展到大约 1 500 家。硅谷现已成为世界信息技术和高新技术产业的中心、自主创新创业的最成功范例、全球科创中心建设的桥头堡。硅谷形成于 20 世纪 50 年代,曾引领了多次产业形态的变革和产业链的升级,包括 20 世纪 50 年代的国防工业技术、60 年代的半导体材料、70 年代的计算机和生物技术、90 年代的互联网,以及当今的清洁能源和新能源技术等高新技术的创新。以周边具有雄厚科研力量的斯坦福、伯克利和加州理工等世界知名大学为依托,以高技术的中小公司群为基础,并拥有思科、英特尔、惠普、朗讯、苹果等大公司,融科学、技术、生产为一体,逐步形成企业引导的全社会自主创新、产学研一体化、科技成果高度产业化和商业化的科技创新发展模式和创新集群效应。

根据《2015 硅谷指数》分析,2014 年硅谷的专利注册数持续增长,占加州的比例为 52.3%。硅谷和旧金山地区的风险投资额猛涨,分别占加州和全美总额的 73.7% 和 43%,软件业吸引投资最多,清洁技术行业达到历史最高值。IPO 数量和兼并交易与上年基本持平,占全美的比例也有略微上涨。2014 年硅谷的创新引擎全速发动,实现了持续的创新能力与新业态的滚动更迭,推动旧金山地区的经济快速发展。

硅谷的成功绝非偶然,它的颠覆性创新模式和高效的运行体制引来全世界的竞相效仿。自经历了经济循环的大浪潮后,硅谷的创新建设步入成熟。其科技创新的特色如下:

1. 产学研良好的互动机制

斯坦福大学是硅谷的孵化器。斯坦福大学的教授特曼秉承"产学结合、务实教育"的教学方针,在1946年建立了产学研的斯坦福研究所,从企业获得经费支持,孕育了众多高科技公司,如赛门铁克、希瑞等;1951年设立"荣誉合作项目",成立硅谷的发源地——斯坦福工业园,吸引大量高科技企业入驻,培育出惠普、苹果、雅虎、思科等公司。鼓励企业学习研究生课程,邀请企业家做讲座,鼓励学生或老师到企业中兼职充分实现科研与实践的结合。斯坦福为硅谷培育了大批创新人才,硅谷通过对新理论、新技术的研究快速将科技成果转化为生产力。1970年成立的技术授权办公室(OTL)实现了学校科技成果转移的批量化和规范化,打通了产学研结合的瓶颈。据统计,硅谷60%到70%的企业是斯坦福教师与学生创办的。这种以大学为中心,科研与生产相结合,科研成果迅速转为生产力,促进高校与企业、市场之间紧密结合的发展模式,构筑了硅谷独特的产学研优势。

2. 政府的管理和政策创新

硅谷是企业追求利润最大化基础上的市场选择结果,但值得注意的是政府的作用也功不可没,硅谷形成了一种"市场主导、政府服务而不干预,支持而不干涉"的运作体系和管理体制。首先,政府的大力财政支持。最主要的形式就是政府购买,直接影响硅谷技术的扩散。例如,仙童半导体公司于1959年获得价值1500万美元的为"民兵式"导弹提供晶体管的政府订单,1963年又获得为"阿波罗"飞船提供集成电路的合同。1958—1974年,政府向硅谷公司购买的科技产品达到10亿美元。政府直接对大学进行投资,大学的研发中40%来自政府委托,斯坦福直线加速器和劳伦斯·伯克莱实验中心都是政府资助的成果。1981年美国国会将资本利得率降至20%,允许养老基金管理者投资于风险投资,推行小企业投资发展计划。其次,美国政府通过制定创新政策为硅谷的成长营造良好的"生态环境"。1982年和1992年制定《小企业技术创新发展法》和《加强小企业研究与发展法》,强化硅谷科技公司与科研机构的互动合作。20世纪80年代先后制定《拜杜法案》、《联邦技术转移》、《美国发明保护法令》等硅谷产权制度,明确规定了创新者与创新成果的所有和分配关系,将个人的经济努力变成私人收益率接近社会收益率的活动,成为激励硅谷创新的有效制度选择。

在硅谷的发展历程中,美国政府扮演了投资者、消费者和组织者的角色,在市场配置的基础上优化法律和市场环境,加大扶持力度,完善创新体系,实现了政府的职能升级。

3. 科技创新中介机构和科技服务业的蓬勃发展

硅谷拥有完善的中介服务体系,包括多种金融中介服务机构,如金融资信评级公司与基金评级公司、会计师事务所、审计师事务所、律师事务所、金融经纪公司(包括证券经纪人公司)、行业协会等,这些机构为创业企业在各个阶段的发展都提供了必要的中介服务,极大地降低了创业门槛,提高了创业成功率,推动了企业发展壮大。硅谷的技术转让服务机构由大学的技术转让办公室和技术咨询、评估、交易机构组成,主要工作是将大学的研究成果转移给合适的企业,同时把社会和产业界的需求信息反馈到学校,推动学校研究与企业的合作。硅谷生产协会积极与州政府配合为地区发展解决环境、土地使用和运输问题;西部电子产品生产商协会为产业界提供管理讨论班和其他教育活动,并鼓励中小规模公司之间的合作。

4. 模块化分工合作

硅谷形成了一个中小产业的企业集群,企业之间既有市场竞争关系,又有良好的分工协作关系。在1980年以前,很多公司都是一个完整、垂直分工的公司。它们用自己的芯片、操作平台、软件及其他零部件来生产产品,然后分配到自己的代理商,销售给自己的客户。如今这种垂直一体化的结构早已被打破,取而代之的是一种平行的竞争合作机制。例如,英特尔公司主要生产芯片,夏普、NEC主要集中于显示器领域,各大计算机制造商则从市场购买零部件然后进行组装。模块化正是实现这种零部件生产和组装过程的有效策略。这种模式激励了众多小公司的积极性。整个IT行业在采用这种模式后取得突飞猛进的发展。

5. 完善的科技金融支撑体系

资本投入是创新重要的一环,硅谷高度市场化的融资体系成为硅谷高新技术产业快速发展的重要保障。首先,美国拥有世界上最完备的风险投资机制。美国风投机制的形成得益于1958年美国政府为给第二次世界大战后的退伍军人开创自己的事业提供资本支持而通过的《小企业投资法》,它以政府作为后盾,通过贷款、担保、税收等优惠政策,鼓励各种金融机构和个人投资者帮助小企业,对其创业提供融资和贷款。在硅谷建设的早期,政府经常充当投资者和消费者的角色,积极鼓励硅谷的创新和发展。

其后,随着硅谷的发展,风险投资逐步兴起,在斯坦福大学附近集中了多家风险投资公司,在为企业注入资金的同时帮助企业建立良好的管理团队和治理结构。2012年全美风险投资有40%都集中在硅谷地区，一大批优秀企业如著名的英特尔、谷歌、苹果、甲骨文、思科等都是靠风险投资发展起来的。

其次，1983年成立的硅谷金融集团——硅谷银行为初创型、成长型和成熟型的科技企业提供多元化的金融服务，是创新企业的金融助推器。具体业务领域有硅谷银行、SVB基金、SVB分析、SVB全球、SVB私人客户服务等。以硅谷银行为例，1993年以前其金融服务业务与其他商业银行相比没有太大区别。随着信息时代的到来，硅谷高科技产业发展得如火如荼，硅谷银行董事长约翰·迪恩(John Dean)在1993年决定把目标市场定在那些新创的、发展速度较快和被其他银行认为风险太大而不愿提供服务的中小企业上，并为其不同的发展阶段提供相应中长期的创业贷款、流动资金贷款、现金管理等科技创新咨询服务。迄今为止，硅谷银行共为3万多家科技企业以及550多家风险投资和私募基金公司提供了服务支持。

再次，纳斯达克为硅谷创业公司提供了上市融资的便利条件，为风险资本增值后的退出提供了一个安全出口。1990年，纳斯达克OMX在硅谷开设区域办事处，在过去的20年里，不断有硅谷公司在纳斯达克上市。目前硅谷在纳斯达克股票交易所上市的就有203家，占加州纳斯达克上市企业数的40%，占纳斯达克上市公司总数的7%。在纳斯达克-100指数的成分股中有28家总市值为954亿美元的硅谷公司。

硅谷发达、完善的创新链金融与区域科技创新形成了相辅相成的良性关系，由此也创造了无数的财富奇迹。

6. 科技人才聚集

硅谷拥有丰富的人才资源，不仅表现在"量"上，还表现在"质"上，为硅谷的科技创新提供了新活力。硅谷人才文化素质高、来源广泛且相对集中、人才类型多、复合型人才突出、具有创新精神、跳槽率频繁、流动性强。

美国政府从1950年开始不断修改移民法案，为吸引外国优秀人才奠定了坚实的法律基础。1965年颁布"新移民法"，法律规定，来自世界各地的人，只要学术、专业上有突出成就，不考虑国籍、资历、年龄和信仰，一律允许优先进入美国，并且每年留出2.9万个移民名额专门用于引进外国的高科技人才。1990年美国开始实施专门为吸纳国外人才的H-IB签证(用于招聘科技人员的签证)计划，每年签发6.5万个，有效期为6年。硅谷地区每年虽约占H-IB总配额的43%，但仍然难以满足需求。积极吸引外国留学生是美国吸引外国人才的重要手段，1946年美国实施"富布莱特计划"，每年提供奖学金接受各国学生及学者赴美学习。

硅谷企业为了留住关键员工采用了很多方法,其中最重要也是最有效的方法便是发放股票期权。股份认购权使每个员工都能成为公司的主人,使每个员工都能为公司的发展竭尽全力。如果公司发展了,员工可以通过股份认购权获得经济上的实惠。如果公司倒闭,员工也没有收益。很多人就是通过股票认购权而成为富翁,一个成功的公司往往能有上百个百万富翁,这是硅谷的一种很有效的激励模式。

(二) 日本东京

论从经济的规模、还是从其功能来说,东京在日本经济中起着举足轻重的作用。因此,东京又被称为"日本经济的心脏"。

第二次世界大战之后东京城成为一片废墟,经过五十多年的不懈努力,东京发展成人口上千万、城市功能集聚的全球科技创新城市。日本森纪念财团从经济、研发、文化交流、宜居性、生态环境和可达性六个方面对所选取的40个主要全球城市进行实力测评。其中,研发能力从研究集成(从事研究的人数、全球200强大学)、研究环境(数学及科学相关学术能力、外籍研究人员的待遇、研究开发费用)和研究成果(专利数、主要科学技术获奖人数、研究人员所拥有的交流机会)等方面进行衡量。从2014年最新排名来看,东京在亚洲排名第一,全球第二,在亚太地区处于绝对领先地位。

东京建立全球科技创新城市主要经历了几个重要过程(1)战后复苏期,大量人口从农村回流到城市,住宅交通供水等基础设施逐渐恢复,人口增加,基础设施逐渐难以满足城市发展。(2)高速增长期积极引导城市结构调整,关注城市功能布局,开发城市副中心,建设新科学城。(3)稳定增长期建设商务核心城市,形成独立的、居住功能和综合性产业功能相结合的自立性都市圈。(4)后泡沫经济期,注重就业与居住功能的平衡。20世纪90年代早期,日本经济泡沫破裂,随之而来的经济衰退对全国产生了严重影响,东京受到的影响更为严重,东京主要的证券机构和商业银行纷纷破产。东京政府通过几项政策和计划完成了竞争力的再塑。

从东京建设科技创新的过程中,有许多宝贵的经验可以借鉴。

1. 注重科技创新资源的集聚

其一,注重科技创新人才。创新人才是科技创新中心建设的必备要素。截至2014年,日本在数学、物理、化学、生物等领域均曾摘取桂冠(获菲尔兹数学奖有3人,获诺贝尔物理学奖、化学奖、生物奖分别有8人、6人、2人),其中不少人就职于或曾就职于东京大学等名校。东京出台政策大力引进海外人才。实施"亚洲人才育成战略"、"亚洲人才银行"等举措,引进亚洲其他国家的优秀人才和高级技工。此外,与海外日本企业和亚洲其他大学广泛开展合作培训,向对方派遣学生开展实习锻炼,以培养国际化的青年人才和高层次人才。

其二,加强培养高科技企业。从2014年的《财富》世界500强公布的结果来看,东京上榜企业达到43家,东京排名第一的丰田公司位于全球第九位。在汤森路透旗下知识产权与科技事业部发布的2014全球百强创新机构榜单中,亚洲上榜创新机构数量首次跃居世界前列。在46家亚洲机构中有39家来自日本,其中22家总部位于东京。

其三,重视科研高校的建设。东京拥有130多所大学,东京大学、东京工业大学、早稻田大学等都是世界著名学府。截至2013年底,东京进入全球400强的高校有5家,东京大学更是高居亚洲第一。

其四,较高的研发投入。东京在政府对研发的人均支出、企业对研发的人均支出以及高等教育人均公用支出等方面具有较高的投入。东京在SCI、SSCI以及PCT国际专利申请方面均有较大的优势,尤其是专利申请,东京是万级别产出,这在很大程度上与东京拥有众多世界500强企业有关。另外,东京加强科技奖励。评选并表彰优秀技术与产品,并对中小企业提供研发支持。

2. 营造良好的科技创新环境

首先,注重经济环境建设。20世纪50年代,东京采取工业废水排放控制,但是东京都的工业污染依然十分严重。1974年的酸雨现象,1975年的土壤污染事件反映了东京都城市污染进一步加剧,这时的环境政策表现为单一追求经济发展,片面固化,严重影响了城市建设。20世纪80年代之后,东京采取更加全面、综合、主动的环境保护政策,使得东京成为世界上最清洁的城市之一,坚实地支持了东京全球科技创新中心的建设。良好的环境治理使得东京在文化活力、生态环境、创业环境等指标方面具有较高水平。在2030年城市规划中,东京将文化与生态环境作为重点规划目标,旨在构建更宜居更美好的城市生活空间。

其次,推进基础设施建设。全球科技创新中心的建设,必须依托强大的研发能力。研发能力的发挥需要充分利用本土的科技创新基础设施,以实现区域及全球的科技创新资源的紧密联系。其中,良好的信息通信技术基础设施是实现知识在国家和地区有效传播的重要载体。2014年《亚太知识竞争力指数报告》显示,东京排名第一。

再次,构建完整科技创新服务体系。在知识产权保护方面,《机遇之都6》显示东京位于第八位;在金融服务领域,《2014全球金融中心指数》显示,在全球83个城市中东京位于第六位;在营商环境方面,《机遇之都6》显示,东京排名第12。

3. 促进科技创新的政策激励体系

东京的科技创新政策体系包括三个方面:

一是优惠税收政策。根据日本的《促进基础技术开发税制》,东京自2000年以来,对高新技术企业采取多种减免税收政策,免征计算机物产税、固定资产税,购置电子设备减缴7%所得税,并允许当年进行30%的特别折旧;对信息产业增加25%的科研税务贷款、设立软件研发免税储备金、意外损失储备金制度,免征技术开发资产税7%。

二是特别贷款制度。东京建立了振兴地方技术的特别贷款制度,高新技术企业可使用低息长期贷款,贷款年限可长达25年,利息优惠10%;东京还专门成立了小企业金融公库,对高新技术小企业发放年息仅2.7%的特别贷款。

三是项目补贴。东京政府在选择支持项目时,有严格的选审标准,并倾向于日本原来薄弱的基础性原创领域;国家资助高校研究者"共同"开发的成果,个人可得专利收入50%—80%;政府还鼓励产业界与高校建立"共同研究中心",由科技厅专款补贴。近年来,东京供高科技小企业上市的OTC股票交易市场发展势头较好,交易量和影响力不断扩大,为众多高科技小企业迅速扩张提供了资金支持。

4. 优化科研资源配置

对东京都内大学、研究机构等科研资源进行整合,以提高总体基础研发能力。

一是建设学科交叉研究中心。如成立独立行政法人性质的机构——健康长寿医疗中心,发挥科研组织协调作用。

二是加强协同创新。如设立了东京首都大学政策提案发布会,成立东京生物标记创新技术研究组合"门"(类似于我国的创新联盟)等,强化大学、研究机构与政府间协作。

三是加强科学普及和合作培训。采取举办东京不可思议科技节、成立东京理科女子探险队、向市民公开部分科研内容、在中学教育中加入科技实践课程、设立专门的科技高中、组建"超级科学高中联盟"等方式,培养社会各阶层对科学技术的兴趣与关心。

5. 加强核心技术攻关和战略研究

一是为先进技术提供实验空间。活用东京都地区的各类场所环境,让企业、科研机构试验在汽车燃料、地震防灾、污泥焚烧等领域的各项先进技术。二是加强技术预见。精心绘制每一个城市课题的"技术路线图",对环境、能源、危机管理等重点领域,还将绘制"课题地图",明确战略和路径。三是推进科研成果转移与应用。一方面,加强与金融机构的合作,围绕重点领域启动一批"都市机能活用型"产业振兴项目,每年举办产业交流展、危机管理产业展等国内高级别的交易会,促进产业技术的尽快商品化、服务化;另一方面,成立东京都知识产权综合中心,帮助中小企业创造、保护、运用和管理知识产权。

(三) 英国伦敦

创新与产业结构多样化是伦敦的城市发展保持全球领先地位的关键。伦敦是老牌的全球金融中心,金融产业是伦敦的第一大支柱产业,凭借制度创新、企业创新、金融产品创新、先进的金融监管措施等,一直走在世界前列。同时,近年来,创意产业的迅速崛起为伦敦的经济发展带来了新的生机,推动了城市产业结构的优化和升级。创意产业每年为伦敦市带来近210亿英镑的产值以及40万个就业岗位,排名仅次于金融服务业,成为带动伦敦市经济发展、提升伦敦城市竞争力的第二大支柱产业。

1. 金融产业

伦敦吸引了庞大的跨国金融机构:伦敦金融城集聚了近180家外国证券公司,几乎一半的国际股权交易额在此进行,还管理着28 290亿英镑的全球资产。在伦敦股票交易所上市的外国公司的数量(453家)超过世界上任何其他的交易所;全球外汇收入的三分之一在伦敦交易,而纽约只有16%,东京仅占9%,新加坡仅有6%。伦敦金融城承揽了全球36%业务量的场外衍生金融产品;近500家外国银行在伦敦金融城营业,经营着全球20%的国际银行业务;伦敦金融城拥有全球最大的黄金交易市场,同时是世界上最大的有色金属交易市场;伦敦金融城是世界保险和再保险中心,其中世界航空保险业务的31%和水险业务的20%都集中在这个市场。

伦敦金融行业创新可以分为两个阶段:第一阶段为20世纪80年代至90年代,主要是以政府为主导的制度创新;第二阶段由20世纪90年代至今,主要是以市场为主导的企业自我创新。通过这两个阶段的金融创新,伦敦原有的金融中心地位得以巩固和加强。2013年1月,由Z/YEN智库发布的世界金融中心指数显示,伦敦以总分807分的成绩领先纽约、香港,继续保持世界第一金融中心地位。

(1) 制度创新

近三十年来,英国进行了两次重大金融改革,这两次金融政策的创新,奠定了伦敦金融业繁荣的坚实基础,揭开了伦敦金融创新的序幕,被称为金融"大爆炸"。

1986年,英国以金融自由化为特征,进行了第一次金融"大爆炸",对内打破金融垄断、放松管制,对外开放金融市场、鼓励竞争。这种巨大变革带来的金融市场自由化导致接下来几年英国本土证券公司接连丧失控制权,纷纷被国外公司收购,然而这种制度创新所带来的长期收益是巨大的,开放的市场环境吸引更多的金融公司进驻伦敦,伦敦本土公司也在随后的竞争中发展壮大。

1997年,英国以混业监管为核心,进行了第二次金融"大爆炸"。通过此举,英格兰银行将金融监管职能分离出来,只专注于制定货币政策;金融监管机构(FSA)也更为独立,可以不受政府更迭的影响。随后英国出台《2000年金融服务和市场法》,并制定一系列细则,取代了之前一系列的金融法律、法规,统一了监管标准,大大提高了金融监管效率。至此,英国成为世界上第一个实行统一金融监管的国家。

(2) 企业自我创新

两次金融"大爆炸"给伦敦金融行业带来了开放的竞争环境和有效的监管体系。在此基础上,伦敦金融行业采用优势聚集的发展战略,在2.9平方公里的金融城内汇聚了大量的金融机构,75%的世界500强企业在金融城设立了分公司或办事处,约500家各国银行在此经营,全球20家顶尖保险公司也都在这里有自己的分公司。

庞大的金融产业吸引了大批人才在伦敦就业。据统计,在伦敦从事金融行业的人员共有357 900人,占伦敦全部就业人口的8%,与之配套的从事会计、管理咨询、法律服务的专职人员共有305 700人,占伦敦全部就业人口的7%(见图7.1)。金融机构与各高校进行合作,运用技术孵化器、私募和风险基金咨询、业务实习、委托培养、联合推介等诸多形式,已形成较为有效的面向全球的金融业"产学研一体化"系统,有力地推动了金融产业建设。

(3) 金融产品创新

伦敦十分注重金融产品创新,根据不同时期金融业发展的需要,推出不同的适应市场的金融产品。比如,首次公募债券的发行、欧洲债券和多种金融衍

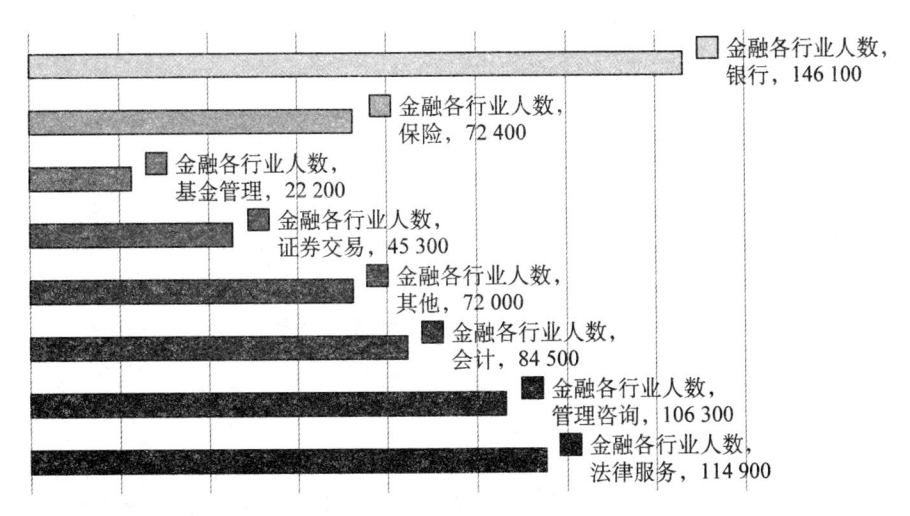

金融各行业人数，银行，146 100
金融各行业人数，保险，72 400
金融各行业人数，基金管理，22 200
金融各行业人数，证券交易，45 300
金融各行业人数，其他，72 000
金融各行业人数，会计，84 500
金融各行业人数，管理咨询，106 300
金融各行业人数，法律服务，114 900

从事金融及相关服务行业总人数占伦敦就业人口的15%
统计时间：2013年1月

图 7.1　伦敦金融及相关行业就业人数

资料来源：http://www.thecityuk.com。

生品与掉期业务的诞生、国际存托凭证的发明等。金融"大爆炸"之后，随着现代科技的运用，伦敦不断掀起金融产品创新的浪潮，2005年泛欧证交所衍生产品交易的98%由伦敦完成，可以充分说明伦敦金融产品创新的程度。更为重要的是，伦敦攫取了场外衍生品的主要份额，由1995年的27%升至2010年的46%，交易总额约是场内交易总额的4—5倍。

各类金融机构、大批金融人才、高新技术以及充足资本的聚集，打通了伦敦的金融产业链，优质金融产品得以开发并迅速投入市场，使得伦敦金融衍生品市场迅速扩大并持续繁荣，多项金融业务均占据世界主要份额，如表7.1所示。

表 7.1　世界主要国家和地区金融市场份额(%)

	英国	美国	日本	法国	德国	新加坡	中国香港	其他
银行跨境借贷(2012年9月)	19	11	11	8	8	3	3	37
海外股票交易额(2012年10月)	37	17	6	3	2	6	5	24
外汇交易额(2012年)	7	34	2	—	8	—	1	48
场外金融衍生品交易额(2010年4月)	46	24	3	7	2	3	1	14
海事保险费净收入(2011年)	19	6	9	4	4	1	1	56

续表

	英国	美国	日本	法国	德国	新加坡	中国香港	其他
基金管理(2011年末)	8	46	8	3	2	—	1	32
对冲基金资产规模(2012年末)	18	65	2	1	—	1	1	12
私募股权投资额(2011年)	12	46	1	5	2	1	—	33
证券发行量(2011年)	6	73	2	1	1	—	—	17

资料来源：http://www.thecityuk.com。

2. 创意产业

文化创意产业是文化、科技和经济深度融合的产物，其凭借独特的产业价值取向、广泛的覆盖领域和快速的成长方式，正在成为全球经济和现代产业发展的新亮点。伦敦的创意产业是最具竞争力的支柱产业，是伦敦新经济发展的生力军。

英国文化传媒体育部将创意产业定义为源于个人创造力、技能与才华的活动，这些活动通过知识产权的生成和利用，可以创造财富与就业机会。创意产业包括：广告、建筑、艺术品古玩、工艺品、设计、时装设计、电影与录像、互动休闲软件、音乐、表演艺术、软件与计算机服务、电视与广播。1997年至今，英国整体经济增长了70%，创意产业增长了90%多，其发展速度远高于总体经济。伦敦的创意产业总值占英国创意产业总值的比重非常大，在2000年就达到了24.68%。2001年伦敦的创意产业人均产值约为2 500英镑，几乎相当于英国的两倍。2010年，伦敦创意产业从业人数为65.8万人。当前英国全部约1 100家独立电视制作公司中，近700家（包括几乎所有的大公司）都位于伦敦。伦敦还拥有全国85%以上的时尚设计师，40%以上的出版业从业人员。更为重要的是，伦敦已经成为全球的创意中心，被认为是全球三大广告中心城市之一，三分之二的国际广告公司的欧洲总部都设在伦敦。

(1) 伦敦创意产业发展的政策扶持路线

英国政府自1994年就开始重视文化创意产业的发展，将其列为国策之一，并通过成立文化创意产业出口推广咨询小组和创意产业工作小组，促进英国创意产业的发展。1999年，伦敦设立文化战略委员会，负责规划、协调和发展伦敦的各类文化机构，负责并实施伦敦的发展战略；2003年，伦敦出台第一份文化创意产业发展战略《伦敦：文化资本——市长文化战略草案》，该草案旨在巩固伦敦现有创意文化基础，确定未来的发展方向，提出把伦敦建设成世界级文化中心的目标；2008年，伦敦出台第二份文化创意产业发展战略《文化大都市——伦敦市长2009—2012年的文化重点》，这份战略草案在2003年的基础上，更加注重文化创意产业的群众化和品牌化，并借助2012年伦敦奥运会的契机，将伦敦的创意文化向全世界推广。伦敦文化创意产业的政策扶持情况如表7.2所示。

表7.2　　　　　　　　　伦敦文化创意产业的政策扶持

时间	举措
1999年	成立伦敦文化战略委员会
2003年2月	出台《伦敦：文化资本——市长文化战略草案》
2004年	成立"创意伦敦"工作协调小组
2005年3月	设立"创意之都基金"
2008年11月	出台《文化大都市——伦敦市长2009—2012年文化发展重点》
2010年11月	出台《文化大都市——伦敦市长2012及以后文化发展战略》

(2) 伦敦创意产业发展的特点

伦敦发展创意产业的目的是支持文化和艺术的延续与发展，创造更多的就业机会，同时为国民经济的发展注入新的血液，带动经济的增长。伦敦的创意集群区由艺术家自我摸索转变而成，从文化集群区演变而来，互动协作性和灵活性好。艺术家选择他们认为合适的发展方式进行变革，在各自发展的过程中，艺术家以自身的经历作为参考经验。因此，他们清楚在集群区内如何让企业之间更好地合作与互动，达到集群区的真正发展目的。

伦敦创意产业的发展模式是多种多样的，每一个工作室都有基于自身特点考虑的独特发展模式、管理体系和资金渠道。艺术工作室作为创意产业集群的分子，对于创意产业的发展起着至关重要的作用。伦敦创意产业具有三个发展特征：第一，由艺术家们自发创建的艺术工作室随着社会的发展逐渐转变成有组织的艺术大厦，这种自然转变过程为创意产业的发展打下了基础；第二，通过为公众提供培训项目和空间，工作室与外界进行良好的互动，同时吸引了多种资金支持，扩大了工作室的知名度；第三，工作室的多种经营身份和经营形式降低了发展风险，迎合了艺术家们的多种需求，并以此来支持当代艺术的实践发展。工作室组织在关注当地文化的同时，更加注重集群内企业之间的协调，帮助企业之间建立起内部网络关系，从而达到信息共享、节约成本和增加收益的目的。

(3) 伦敦创意文化产业运作模式分析

伦敦创意产业实际发展中,文化创意企业发挥了主要作用,并且多为中小型企业。同时,伦敦政府在文化创意产业发展中有着重要作用,这与其政策体系的互动性、全面性和持续性密不可分[①]。政府、市民、大学等人才培养机构以及服务中介机构通力合作[②],最终使得文化创意产业市场化,形成可持续发展模式,如图7.2所示。

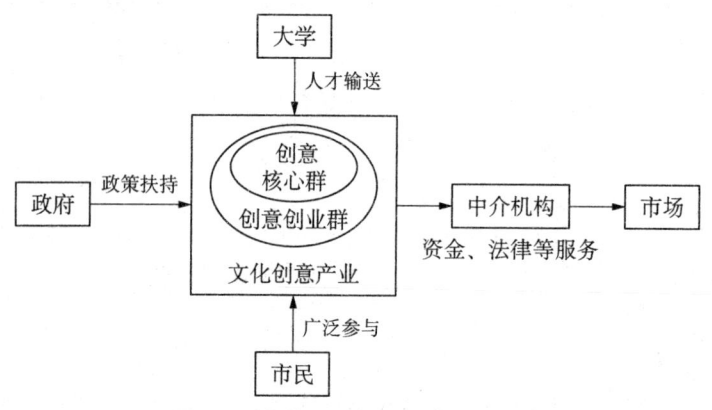

图7.2 伦敦文化创意产业运作模式

伦敦的文化创意企业以中小型企业为主,并形成了一定的文化创意产业聚集区,包括伦敦西区文化艺术聚集区、伦敦SOHO传媒产业聚集区、伦敦东部霍克斯顿区等。创意文化的发展吸引了一大批人才汇集伦敦,并形成了独特的创意阶层。文化创意阶层分为创意核心群(creative core)和创意专业群(creative professionals),前者直接从事与文化创意产业相关的活动,包括艺术设计、建筑师、演员、作家等,后者则包括从事高科技、金融、法律等其他知识密集型的专职人员。跨领域、跨专业的合作使得文化创意产业与其他产业有效地融合,在拓展了文化创意产业市场的同时也促进了其他产业的发展。

同时,伦敦特别重视企业创新在构建创新型城市中所起的作用,重点扶持中小型文化创意企业发展。作为创意伦敦计划的一部分,2005年3月,伦敦市发展局设立了"创意之都基金",为伦敦创意产业中有才华的企业家或商人提

---

① 互动性政策的制定充分考虑文化创意机构的主体性,在决策时将文化创意机构纳入其中;全面性是指政策覆盖融资、人才、产品推广等各个方面;持续性是指政策制定时会根据战略规划和发展现状不断地出台各个阶段的发展政策。
② 中介包括法律、金融等各类服务机构,为文化创意公司从成立到产品推广提供相关服务。

供原始资本投入和商业支持以激发他们的创意潜力,基金原资产净值达 500 万英镑,加上私人投资相配套,其资产达到了 1 亿英镑。伦敦市还通过对创意产业从业人员进行技能培训,给予企业财政支持、知识产权保护、文化出口鼓励等措施来促进伦敦文化创意产业的发展。

文化创意产业之所以在伦敦得到蓬勃发展,除了城市拥有的丰富文化内涵与创造力、伦敦市政府对创意产业的高度重视外,相关机构提供的具体支持服务也起到了重要作用。这些机构被统称为"第三部门",主要由伦敦市发展局、英国当代艺术中心、Something Else 公司、国王学院等机构组成。它们建立起了"学校-研究所-企业"之间的有效创新平台和运行机制来加强区域创新体系建设,不仅促进文化创意稳定发展,还复制成功经验,不断扩散其区域、本国及国际的影响力,对文化创意产业的发展与推广起到了积极的推动作用。

此外,文化产业与人们生活息息相关,伦敦市积极营造创新文化氛围,鼓励市民广泛参与,通过教育培训推介支持公民的创意生活,不仅给广大市民提供接触文化创新的机会,也为文化创意产业的发展提供良好的外部环境。同时,伦敦市以原有文化为基础,吸收来自世界各地的文化和思想,积极开展各类民间的国际合作与交流,通过加强与其他国家在文化领域的交流与合作,促进相互间的进步。

三、上海科技创新市场环境建设的瓶颈分析

上海建设具有全球影响力的科创中心,其核心是如何提升上海的科学发现、技术研发与新科研技术应用在全球的影响力。根据全球科创中心的一般特征,即支撑科技创新的五大功能特征以及 2015 年 5 月上海市委、市政府在《关于加快建设具有全球影响力的科技创新中心的意见》中提出的推进创新环境建设,着力破解"四个难题"(创新成果转化难、创新企业融资难、草根创业难、知识产权保护难)的要求,我们认为上海全球科创中心市场环境建设的核心内容,应包括创新资源集聚、财政金融支持服务、科技成果转化服务、创新服务平台建设以及相关政策支援等五个方面。

(一)创新资源的集聚瓶颈

创新在很大程度上依赖于创新资源集聚。高层次的创新人才、高水平的科研机构的集聚是打造全球科创中心的基础条件。

1. 创新人才集聚度不高

全球科技中心的建设离不开人才尤其是高层次创新人才,但目前集聚在上海的高层次创新人才并不多。截至 2013 年底上海两院院士人数为 165 名,累计 498 人入选国家"千人计划",而同期北京分别为 758 人和 909 人,是上海的 4.6 倍和 1.8 倍。与全球创新中心相比,上海的国际化人才比例相对偏低。目前,上海常年在沪的外籍专家数不足 10 万,高端人才和国际化人才的比例仍然偏低。

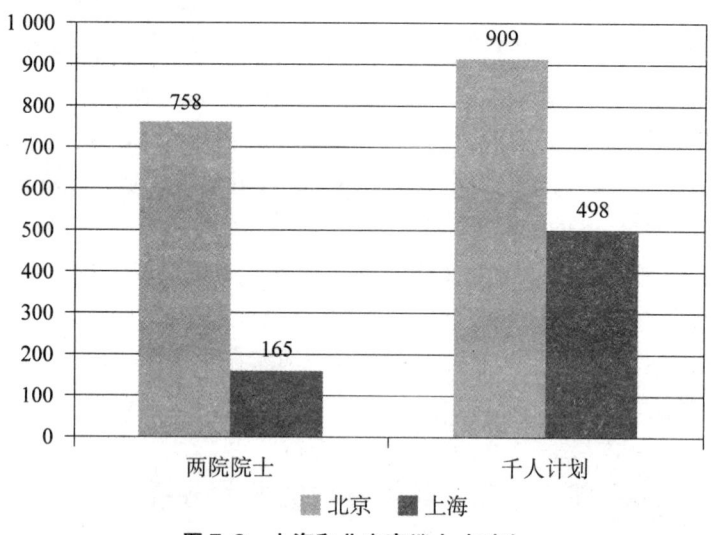

图 7.3 上海和北京高端人才对比

2. 高水准科研机构缺失

目前,上海拥有的高水准科研机构相对较少,难以支撑全球科创中心的重任。

从全世界的角度来看,在英国泰晤士高等教育组织公布的 2013—2014 年世界大学排行榜中,邻近美国东部 128 公路高科技园区的哈佛大学、麻省理工学院、波士顿大学分别位列第 2、5 和 50 位,邻近硅谷的斯坦福大学、加州大学伯克利分校排名分别为第 4 和第 8 位。而上海目前还没有一所高校跻身该排行的前 200 位。截至 2013 年底,在上海的国家级创新平台超过 130 个,其中国家重点实验室 40 个,国家工程实验室 7 个,而同期在北京的国家重点实验室有 112 个,国家工程实验室 38 个,分别是上海的 2.8 倍和约 5.4 倍。

日本森纪念财团从经济、研发、文化交流、宜居性、生态环境和可达性六个方面对所选取的 40 个主要全球城市进行实力测评。其中,研发能力从研究集成(从事研究的人数、全球 200 强大学)、研究环境(数学及科学相关学术能力、外籍研究人员的待遇、研究开发费用)和研究成果(专利数、主要科学技术获奖人数、研究人员所拥有的交流机会)等方面进行衡量。2013 年,上海位居第 16 位,2014 年上海上升一位,位居第 15 位,距离伦敦、纽约、东京等国际知名大都市还存在相当大的差距。

由于高水准科研机构的缺失,上海也缺乏具有国际影响力的展会和论坛。

具有国际影响力的工业会展和创新论坛,是创新思想碰撞、创新人才汇聚的最佳载体,是建设创新中心的重要内容。美国拉斯维加斯的消费电子展、德国慕尼黑的国际工业博览会,每年都会对行业的技术进步方向和路径产生重大影响。尽管上海已有包括工业博览会、技术交易会、商品交易会、汽车展、双年展等在内的各种形式和内容的交易会和展览会,但是大都缺乏国际影响力和知名度,对行业技术创新活动的推动力有限。

3. 高新技术企业不足

高新技术企业是上海建设科技创新中心最有活力的载体。但是上海高新技术企业整体规模还不够大、竞争力还不够强。截至 2013 年底,上海市经认定的高新技术企业为 5 140 家,同期北京市认定的高新技术企业数量约为 8 000 家,美国硅谷的类似高新技术企业超过 1 万家。在德勤公司 2013 年公布的《亚太地区高科技高成长企业 500 强》中,上海仅有 10 家企业上榜,而北京有 51 家,两者的差距明显。在纳斯达克上市的国内企业 112 家中,上海仅有 10 家,不足北京的三分之一。

表 7.3　　　　　　　　中国企业在纳斯达克上市公司一览

地区	上市企业数量	总市值(亿美元)
北京	38	1 405.37
上海	10	175.18
浙江	9	13.2
港澳台	9	146.32
广东	9	39.22
陕西	8	2.24
海外	6	87.1
江苏	5	23.89
河南	5	2.47

续表

地区	上市企业数量	总市值(亿美元)
东三省	5	5.57
湖北	3	2.97
福建	3	1.31
山东	2	1.03

资料来源：wind。

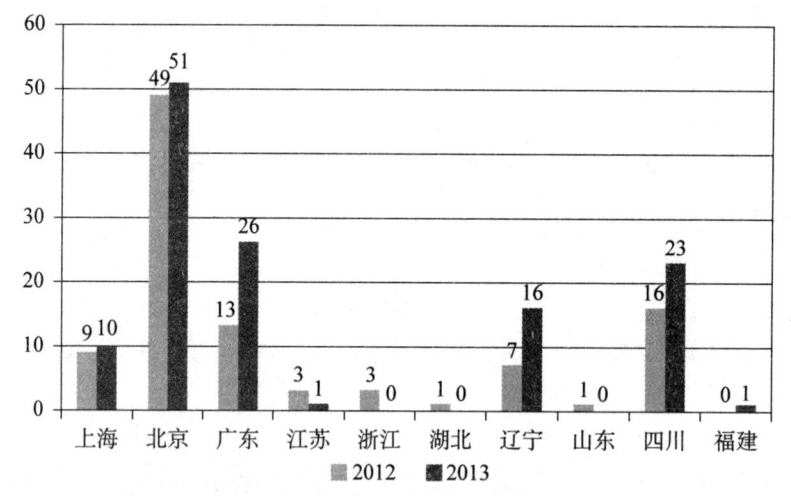

图7.4 《亚太地区高科技、高成长企业500强》上榜企业所在省市分布(2012—2013年)

与北京相比，上海在高校科研机构的数量和质量方面都存在不小的差距，这种差距很难在短期内改变。上海作为全国最大的经济中心城市，背靠全国经济最发达的长江三角洲地区，依然没有对高新技术企业形成足够的吸引力。上海无法发挥自身政策优势和科技金融体系更为完善的优势，又无法与长三角地区其他城市形成广泛的高新技术企业联动，促进高新科技技术的流动与拓展。

4. 研发投入结构不合理

2013年上海市研发投入强度(研究与试验发展经费支出，即R&D经费支出相当于生产总值比重)为3.6%，而同期的北京超过6.0%、深圳超过4.0%；另外从R&D经费支出的活动类型分类看，尽管上海的基础研究占比从2007年的5.4%提高到2013年的7.1%，但这一比例远低于美国、法国和意大利等发达国家。研究经费过分集中于试验发展,导致原创新的技术过低,对上海建设全球创新城市造成了不利的影响。

表7.4 上海与主要国家R&D经费支出按活动类型分类比较

地区和国别 （年份）	上海 （2007）	上海 （2013）	中国 （2010）	美国 （2008）	法国 （2008）	意大利 （2008）	日本 （2008）	韩国 （2008）
基础研究	5.44%	7.06%	4.6%	17.4%	25.4%	27.0%	11.9%	16.1%
应用研究	11.74%	13.14%	12.7%	22.3%	39.0%	45.6%	22.7%	19.6%
试验发展	82.81%	79.80%	82.8%	60.3%	35.6%	27.4%	65.4%	64.3%

资料来源:2014年《上海统计年鉴》、OECD《主要科学技术指标2011/1》、2011年《中国科技统计数据》。

(二) 财政金融支持服务瓶颈

1. 财政对科技创新的支持

在科技创新中,企业是创新的主体,但政府扮演的角色也非常重要,特别是政府在教育、基础研发及公共服务设施以及科技成果转化等领域的财政投入。随着全球竞争的加剧,各国家、各级政府都加大了对科技创新的扶扶力度,并以此形成杠杆效应,优化科技创新的金融支持服务环境。如德国联邦政府扶持"创新联盟",自2007年以来,投入6亿欧元财政资金,带动超过30亿欧元的社会资金投入。

2013年上海地方财政科学技术支出额达到了257.7亿元,比上年增长5.0%,占地方财政支出比重为5.7%,比上年下降0.2个百分点。与其他省市相比较,上海地方财政对科技创新的支持力度较大:一是财政科学技术支出占地方财政支出的比重较高(见图7.5);二是人均地方财政科技支出额较高,2013年上海人均地方财政科技支出额超过1 000元,达到1 067元,约为全国平均水的2.5倍。地方财政对科技创新支持的力度,不仅反映了地方政府对科技创新的态度,也间接地影响社会资金对科技创新的投入。上海相对较高的R&D投入强度与地方财政科技支持是密切相关的。

2. 科技金融服务

上海是全国的金融中心,拥有各种金融要素市场和相对完善的金融体系。但是在科技金融支持服务方面,上海与北京及其国内外科技创新中心相比,还存在较大的差距,风险投资市场环境有待进一步完善。

从创业投资规模来看,2012年上海的被投资企业数量和金额分别为113

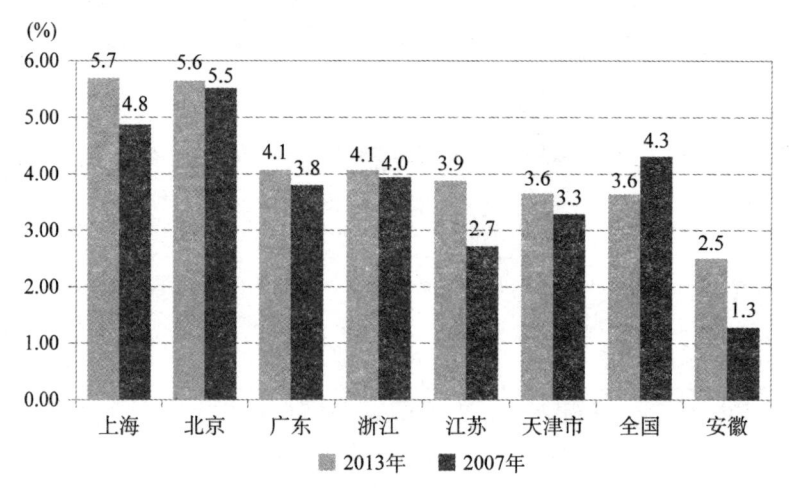

图 7.5 中国主要省市科学技术支出占地方财政支出的比重

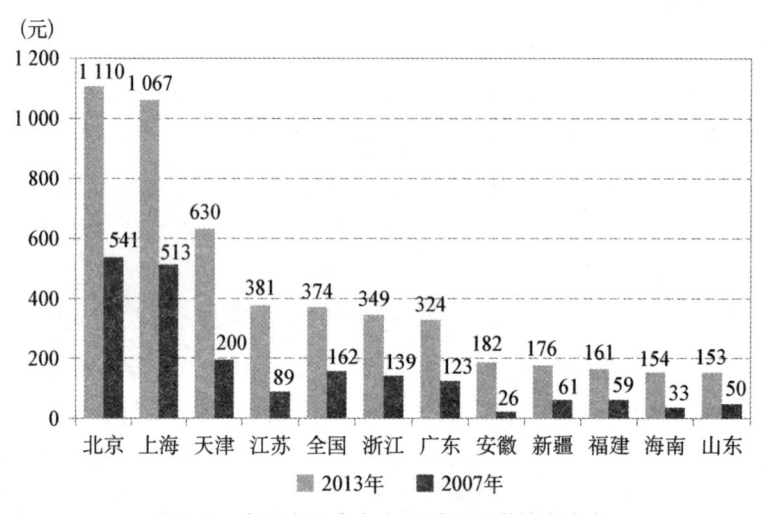

图 7.6 中国主要省市人均财政科学技术支出

家与 152.4 亿元,这与同期北京的 236 家和 219.7 亿元相比,差距甚大。2012 年美国硅谷地区的创业投资金额达到 65 亿美元①(约 410 亿元)。

在产业引导基金的设立方面,2006—2015 年,上海产业募集资金 149.1 亿元,同期北京募集资金 307.6 亿元,超过上海的两倍。从募集资金的状况来

---

① 以上数据均来自上海市信息中心《关于上海加快建设全球科技创新中心的若干思考》,2014 年 7 月 23 日。

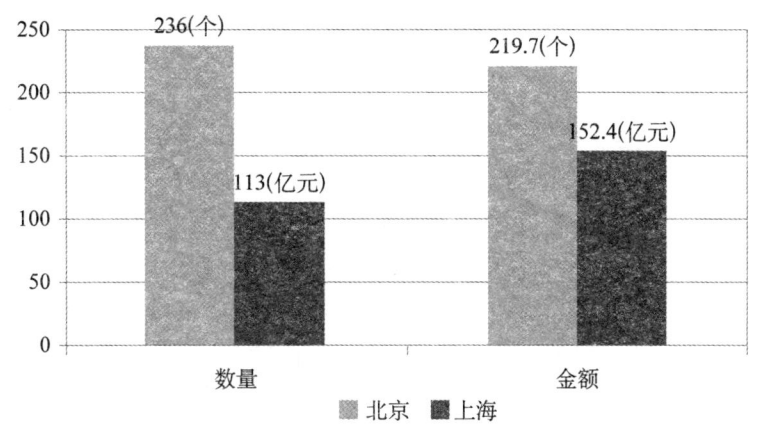

图 7.7 上海和北京创业投资规模比较

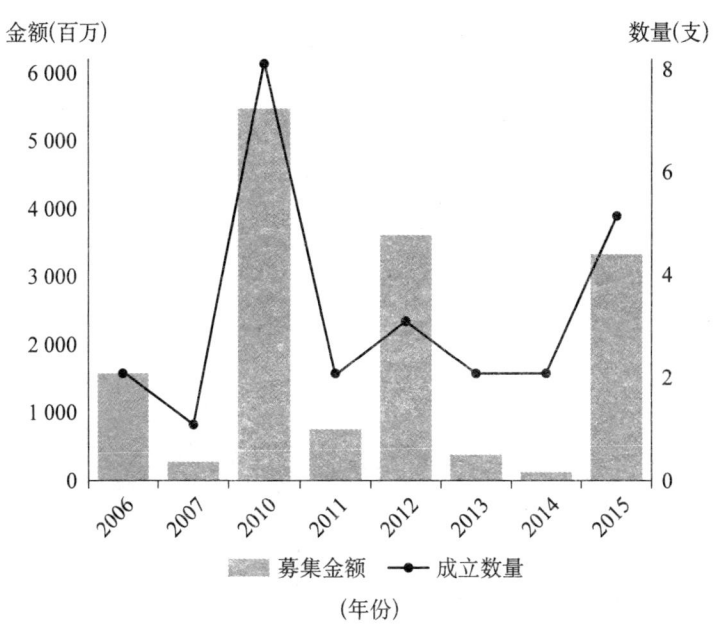

图 7.8 上海政府产业引导基金情况

看,上海产业引导资金并不稳定,募集资金的金额和基金数量呈现巨大的波动。

在天使投资方面,2014年上海天使投资的金额只有6.3亿元,虽然领先全国其他地区,却远远落后于北京,不足北京的四分之一。北京的天使投资数量占全国的一半以上,上海只占17%。2013年到2014年间,北京天使投资金额

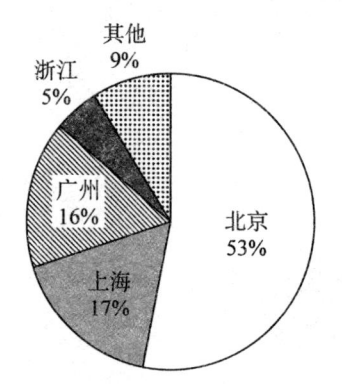

图 7.9 2014年中国天使投资地区分布(按数量)

资料来源：http://www.chiaventure.com.cn。

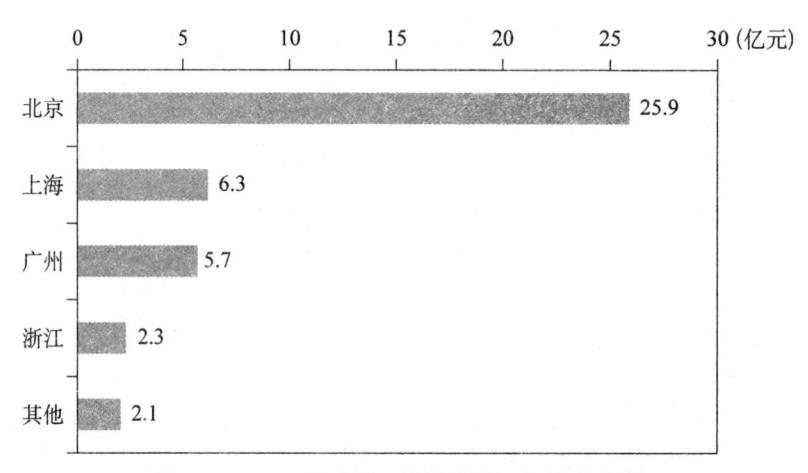

图 7.10 2014年中国天使投资地区分布(按金额)

资料来源：http://www.chiaventure.com.cn。

从18.4亿元增长到24.9亿元,增加了6.5亿元,同期上海的天使投资只增加了2.2亿元。

在科技银行的发展方面,近年上海引进了硅谷银行等科技银行,但其业务却进展缓慢,未能发挥科技银行应有的作用。如2011年成立的浦发硅谷银行,截至2012年底尚未开展贷款业务,而与浦发硅谷银行几乎同时成立的硅谷银行伦敦分行,至2013年1月已拥有100多私募基金客户(PE)或创业投资客户(VC),贷款余额超过1.6亿英镑。

近年来,上海新募集的创新资金总额一直领先于全国,但是风险投资支持的企业数量、资金额度等方面均低于北京、深圳。在2015年中国股权投资排名中，VC机构排名与PE机构排名前十位的机构，总部位于上海的分别只有两家。天使投资机构更是没有一家位于上海，这方面上海与北京、深圳的差距十分明显，排名前十的天使投资机构总部设在北京有六家，深圳有三家。目前来看上海的风险投资行业的整体发展缓慢，面临着资金来源单一等困难。

上海风险投资发展呈现三个特点：第一，行业规模不断扩大。第二，多层次资本市场正建立健全，尤其是新三板，发挥了承上启下的作用。第三，在大众创新，万众创业的带动下，投融资模式不断丰富。上海风险投资发展的势头不错，但是依然存在不少亟须解决的问题。第一，参与PE、VC的资本主要来自大量的散户，散户市场的短线明显，与科技创新的高风险、长周期特征不相匹配。第二，上海拥有全国最大、要素最多的金融市场，但风险投资市场的发展仍有不足，缺乏市场化的风险投资机制，政府主导的创新主体培育、筛选机制对市场存在一定的挤出和抑制效应，风险投资培育和筛选创新项目和企业的功能缺乏。第三，中国VC/PE行业面临人力成本过高，专业人才不足的问题。随着越来越多的上海企业"走出去"，VC/PE走出国门，熟悉国际运作规则的专业人才却比较缺乏，影响了上海风险投资产业进一步国际化。

（三）科研成果转化瓶颈

科技创新成果产业化是创新成果经济社会价值的体现，也是全球科技创新中心建设的重要内容。相对滞后的科技创新成果转化体系，不仅抑制了对创新活动产生应有的激励作用，也导致了产学研结合程度偏低，技术研发和市场转化出现条块分割。目前我国高校科技成果的平均转化率仅为15%—20%，与发达国60%—80%的水平相比差距很大。

上海已形成了由上海科学技术开发交流中心、上海技术交易所、上海市高新技术成果转化服务中心、上海技术产权交易所的"两所两中心"促进科技成果转化平台。上海技术交易市场不断扩大，2013年的技术交易额达到了531.7亿元，占全国的比重为7.1%。但是，通过技术交易促进科技成果转化的功能，上海不但与北京存在较大差距，而且在全国的地位也呈下降的趋势。

上海主要通过几大措施促进科技成果转化：第一，难题实行专项招标。通过招标为高校、科研院所、企业牵线搭桥解决企业发展难题，促进产学研互动。同时在招标过程中还给予一定的经费支持。第二，设立专家库，为科技成

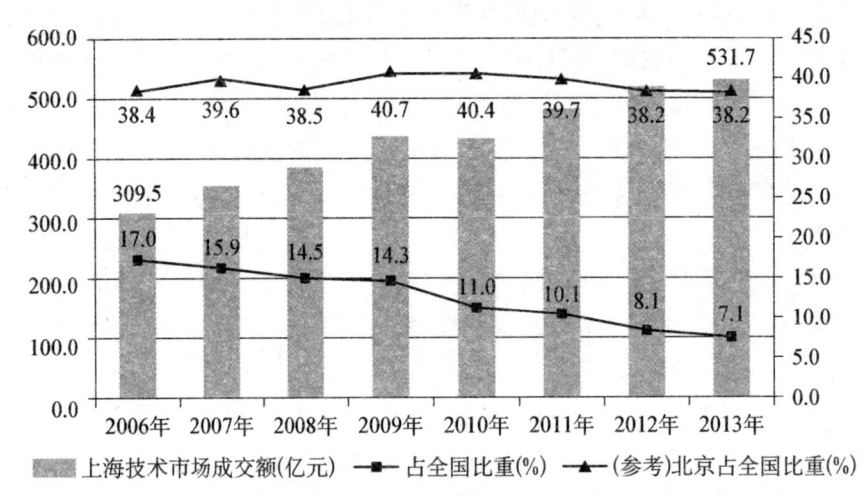

图 7.11　2006—2013 年上海技术市场成交额及占全国比重

资料来源：历年《中国统计年鉴》。

果的转化提供评审、论证、咨询等智力服务。同时举办各项投资沙龙，营造一个宽松和谐的交流环境。第三，加强科技成果宣传，开展各项科技成果展，成立科技成果转化的专业网站，收录科技成果项目、技术招标难题项目、各项招商引资项目。第四，注重对外交流，与各省市和中央驻沪办建立合作关系，进行双向交流共同促进科技转化成果应用。

经过几年的发展，上海的科技成果转化呈现了一些不错的发展势头，建立了一批高端复合型人才团队，大多具有国外学习和工作经验，开阔的国际化视野；采用了新的商业化运作模式，用专业化的工作流程统筹管理科技成果资源；加强了发明与转化环节的连接控制，提高了科技成果的价值；配备了稳定的资金来源，利益分配过程逐渐规范；在科技成果转化过程中更加重视专利申请与转让的国际化、专业化。

与此同时，也暴露了上海在科技成果转化过程中存在的不足，这些不足导致上海科技成果转化过程漫长而低效。如图 7.12 所示，每个 R&D 课题所产生专利的数量为 1.36，与国内其他地区相比，科技成果转化效率较低。表 7.5 也反映出虽然上海的科技转化能力位居全国前列，与北京却存在不小的差距，科技投入产出评分不足北京的一半，科技产出效率更是位居全国中游水准。

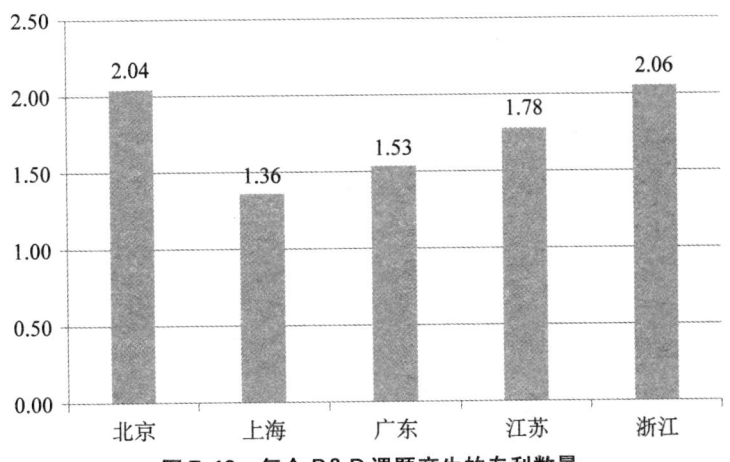

图 7.12　每个 R&D 课题产生的专利数量

表 7.5　中国各地区成果转化因子

地区	科技投入-产出		科技成果转化		科技产出效率		综合	
	得分	排名	得分	排名	得分	排名	得分	排名
北京	4.76	1	-0.7	22	0.51	9	3.15	1
上海	1.94	2	2.08	2	0.26	15	1.81	2
广东	-0.32	18	1.91	3	0.91	4	0.24	4
江苏	-0.36	21	1.64	4	0.77	6	0.05	7
浙江	-0.32	19	0.82	5	1.17	3	0.03	8

资料来源：《我国地区科技成果转化评价》。

导致科技成果转化功能不强的主要原因有以下几个方面：

一是专业从事科技创新、成果转化的中介服务组织还不发达。截至 2014 年，上海共有科学技术协会 187 个、生产力促进中心 7 家、创业苗圃 71 家、孵化器 107 家、加速器 13 家、科技咨询机构 2 000 多家、行业协会 200 多家、质量技术监督机构 57 个、国家级工程技术中心 21 家、市级工程技术中心 212 家、国家实验室 40 家等。总体上基本形成了以国家和市级计划支持的公共机构为主的共性技术研究平台，以生产力促进中心、科技企业孵化器、中小企业创业服务中心为主的技术转移和创业服务机构，以科技咨询与评估机构、技术交易等专业服务为代表的科技服务机构和政府资助的专业性技术创新服务网络。但这些中介组织的绝大部分为政府所为，真正市场化、社会化的相关中介

表 7.6　2013 年各地区科技研究与服务业企业情况

	企业法人单位(内资企业比例)	增长率(2008年)	从业人员(内资企业)	增长率(2008年)	资产总计(亿元)	增长率(2008)	研究与试验发展①(亿元)	专业技术服务业②(亿元)	科技推广和应用服务业③(亿元)	(②+③)/资产总计
上海	1.67 (92.5%)	22.7%	38.0 (81.3%)	57.9%	4 117.5	177.8%	1 084.3	2 312.2	722.1	73.69%
浙江	2.2 (97.9%)	142%	30.1 (96.7%)	94.8%	2 712.6	202%	296.1	1 879.2	537.3	89.08%
广东	3.21 (96.1%)	135.3%	59.27 (89.8%)	103.9%	4 115.66	113.8%	1 086.03	2 532.38	497.25	73.61%
北京	7.12 (97.9%)	248.2%	95.24 (93.7%)	68.7%	24 304.6	154%	5 723.9	12 896.8	5 683.9	76.45%

资料来源：各地第三次经济普查主要数据公报。

服务组织不多,这使得上海科技创新成果转化的服务能力、市场化水平以及国际化程度都不能满足科技成果产业化的实际需求,更是与全球科技创新中心的地位不匹配。

根据全国第三次经济普查的数据,上海第三产业中科技研究和服务业的机构和从业人员高速增长,但其总量和增长速度相比其他科创中心城市均较低,且专业技术服务与推广服务所占比例也低于北京、浙江。与国内城市相比,科技服务业劳动生产率落后于广东、江苏等地。

二是缺乏技术创新与市场之间的有效联结。技术创新脱离市场,研发管研发,市场管市场,评管评,用管用,创新不同环节的不同力量难以有效整合。这种与市场脱节、缺乏协同性的创新模式,在上海的科技创新投入与产业中表现得较为突出。上海的R&D投入强度虽大,但其产出效果与北京、深圳存在差距。

表7.7　北京、深圳、上海科技创新指标比较(2010—2012年三年平均)

主要指标	北京	深圳	上海
专利申请数(件)	75 852	62 027	78 031
发明专利申请数(件)	43 748	27 516	31 815
专利授予数(件)	41 637	41 807	49 228
发明专利授予数(件)	15 743	11 503	9 135
R&D经费支出(亿元)	941	371	586
企业R&D经费支出(亿元)	362	N.A.	382
基础研究支出(亿元)	110	N.A.	39
每千人专利申请数(件)	3.75	5.92	3.33
发明专利占申请专利的比例	57.68%	44.36%	40.77%
发明专利占授权专利的比例	37.81%	27.51%	18.56%
R&D经费支出占GDP比重	5.84%	3.26%	3.10%
R&D经费支出中基础研究占比	11.69%	N.A.	6.71%
R&D经费支出中企业资金占比	38.48%	N.A.	65.13%
人均R&D经费支出(元)	4 661	3 542.7	2 497.5

资料来源:历年《上海统计年鉴》、《北京统计年鉴》、《深圳统计年鉴》。

三是科技成果产业化资金投入短缺,资金结构不尽合理。科技成果转化是一个复杂的工程,从研究开发、技术选择、市场分析、中间试验、工业性试验到生产应用、大范围推广,如同前后"工序"的连续过程,中间的环节必不可少。比如在医药产业,一种创新药物的问世,从实验室发现到进入市场,往往要耗时10—15年,花费几十亿元,这个过程的时间和支出很难缩小。国外的实践表明,一项成功的新技术应用于生产中必须经历实验室成果、中间应用放大实验、产业化三个阶段,资金投放比例大致为1:10:100,而在我国这一比例仅为1:0.7:100。用于应用实验开发的资金明显不足,必然导致成果转化的成功率下降。另一方面,我国50%以上的科研院所和高校缺乏中试设备和中试资金,不具备中试的条件,导致这些单位本身不可能产生具备大面积、大范围推广的成果,转化为生产力的多为"短平快"的项目。大部分的科研成果没有进入中试便进入技术市场转让投产,无形中增加了科技成果产业化的风险,风险投资机构望而却步,造成恶性循环。另外,企业的系统设计、系统集成和系统优化能力比较薄弱,例如在承担重大技术工程机械整机研制任务时,国内企业的装备水平与国外企业相比并不低,但往往在国内重大工程招标的时候,国外企业中标成为总包商,而国内企业只能成为分包商。

四是企业科研投入中应用研究比例偏低。从表7.8可以看出,发达国家企业的研究和发展以试验发展为主,但基础研究和应用研究的经费投入也占有相当大的份额,一般基础研究占4%—8%,应用研究一般超过15%,德国的应用研究超过50%。这说明,我国的R&D经费支出结构不合理,企业基础研究和应用研究有待加强。

表7.8　　上海与部分国家的企业R&D经费投入按活动类型分布

项目	上海 2013年	美国 2012年	日本 2011年	德国 2011年	韩国 2011年	俄罗斯 2012年
基础研究(%)	0.0	4.4	6.6	4.9	13.3	2.9
应用研究(%)	0.2	16.0	19.0	50.1	17.3	13.2
试验发展(%)	99.8	79.6	74.3	45.0	69.4	83.9

资料来源:OECD,R&D Statistics—2014,上海市统计局。

五是技术成果转移体系不完善。目前,大部分高校虽建立了类似技术转移办公室的机构,但由于人员、经费、职称、激励机制等方面的原因,未能将大量高质量的科技成果推向市场,只是一个"空壳子"。同时,科技中介服务业作为新兴产业,相关政府立法和行业政策不健全,行业自律制度和组织建设尚不完备,管理服务体系仍存在制度缺位,信息不对称性严重,并未建立全面的公共服务平台,公共资源整合乏力。

六是缺乏专业团队和优秀人才。科技成果转化需要的是专业的中介服务人员,如在发达国家中,大部分是经验丰富的商业、工业和研究领域的专家,对企业和经济情况、技术需求非常了解,能准确判断何时以及如何进行技术转移以满足当地特定条件和环境下的技术需求。与之相比,我国的科技中介服务队伍层次和水平较低,存在整体素质不高、业务能力不强、知识面不广等问题。

(四) 创新服务支持瓶颈

建设国际科技创新中心,不仅要有相对完善的科技金融、科技成果转化的市场环境,更要有覆盖科技创新全生命周期的各类创新服务机构的支撑。目前上海在科技创新服务支撑体系建设中,虽然已取得很大的成就,但相对于国际科技创新中心建设的战略目标,仍然比较弱。

1. 研发公共服务平台

2004年,根据《上海实施科教兴市战略行动纲要》的要求,上海创设了研发公共服务平台,其目的是有效集合上海及长三角地区的研发资源,为高新技术企业和中小企业的创新发展提供支撑。上海研发公共服务平台经过多年的建设,逐步形成了以"条件保障、协同开发、技术转移、创业孵化、决策咨询"为主的功能体系。目前,该平台已集聚了1 200多家加盟机构,提供各类研发服务21万余项。在加盟机构中,企业类占总量的61.5%,企业特别是中小企业成为平台共享服务的受益主体,上海地区企业用户约5.8万家,重点企业用户3 210家。平台门户网站注册用户约51.5万,用户数量连续5年居全国同类

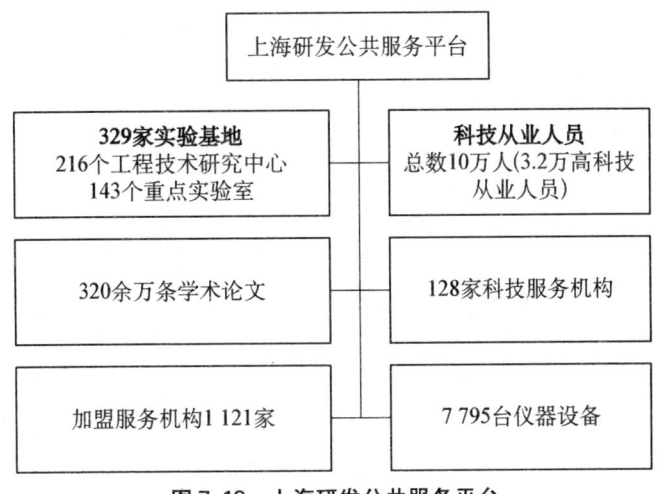

图7.13 上海研发公共服务平台

平台首位，累计对外服务 8 370 万次；"科技 114"服务热线日均话务量约 200 次，累计 31 万次。

但是，与北京的首都科技条件平台相比，上海研发公共服务平台不仅在资源集聚方面存在差距(2014 年底，首都科技条件平台共集聚 676 个国家级、北京市级重点实验室、3.84 万台(套)仪器设备，包括两院院士、长江学者等高端人才在内的 9 003 位专家)。而且在实验室、仪器设备的开放、服务企业方面，上海研发公共服务平台也有明显不足。2014 年首都科技条件平台为 10 000 多家企业提供了的各类服务，服务合同额达 20.56 亿元。

上海科技服务业整体效率仍显滞后。根据全国第三次经济普查的数据，上海第三产业中科技研究和服务业的机构和从业人员高速增长，其总量和增长速度相比其他科创中心城市均较低，且专业技术服务与推广服务所占比例也低于北京、浙江。与国内城市相比，上海科技服务业劳动生产率落后于广东、江苏等地。

科技服务业的引领作用不突出。在第三产业主导经济增长的经济增长新模式下，上海科技服务业不仅总体规模偏小，对 GDP 和社会发展的贡献不大。例如，2013 年科技研究与服务的企业总资产占第二、三产业总资产的比例为 1.04%，低于北京及全国平均水平。科技服务业服务能力不强，对科技成果转化的促进作用有限。

政府"大包大揽"，对于上海研发公共服务平台建设的初期助益颇大。但随着平台建设进入成熟期，出现了行政效率低下、管辖太广、支持不到位的弊端。政府的职能应该是引导和推动，而不是全权主导，否则将不利于提高企业的创新积极性、科技中介机构的发展和市场化的创新合作，不能发挥市场配置的作用。同时，各个子系统相对独立，尚未形成有机整合的服务系统，协同作用发挥空间有限；产学研联盟仅仅是一个雏形，结合程度小。

2. 科技企业孵化器

2014 年上海共建成 71 家创业苗圃，科技企业孵化器 125 家，科技企业加速器 14 家，并涌现出新型创新创业服务机构近百家。截至 2014 年底，上海市孵化器孵化企业超过 6 300 家，就业人数超过 7 万人，留学人员创办企业 291 家，上海科技企业孵化器企业成活率达 78%，毕业企业超过 2 000 家，包括复旦微电子、分众传媒、东方财富网、科大智能等上市企业。目前，基本形成由"创业苗圃＋孵化器＋加速器"组成的科技创业孵化服务载体链，"孵化＋投资＋服务"的创业孵化模式持续优化。

但是,随着科技创业热潮的涌动,创业者由社会精英转向大众草根。"众创"现象的出现在给创新增加活力的同时,也给创业平台和科技平台提出了新的挑战。与国内其他地区相比,目前上海的科技创业孵化的发展规模和质量、效率都有待进一步提升,特别是创新创业的高成本化问题,不利于"大众创新,万众创业"环境的形成。

3. 科技创新教育培训机构

根据英国泰晤士高等教育组织公布的2013—2014年世界大学排名榜,邻近美国东部128公路高科技园区的哈佛大学、麻省理工学院、波士顿大学分别位列第2、第5和50位,邻近硅谷的斯坦福大学、加州大学伯克利分校分别排名第4和第8位。而上海还没有一所高校跻身该排行的前200位。这表明上海的科技创新教育培训机构不强。

上海科技创新服务建设的另一个重要问题是高校的技术开发和技术供给与企业和市场的需求不对接。近年来,高校承担的国家计划项目的立项数量与所获得的经费总量逐年增加,但是项目成果的市场化率偏低,与技术市场的增长相比仍显滞后。主要原因是具有市场应用和产业化前景的项目较少,立项与市场需求脱节,在后期成果转化中存在先天不足。同时,企业作为技术接收方,其组织管理能力不利于承接高校的高科技产物。科技与经济成为两张皮,技术开发与工程应用出现条块分割的情况,产学研结合程度低,有限的科技资源难以实现优化和配置,科技资源短缺与闲置浪费并存。

4. 科技创新激励

2013年上海实施新的《张江国家自主创新示范区企业股权和分红激励试行办法》,但其效果远低于预期。目前,除民企、外企和上市公司外,张江国家自主创新示范区内仅有10家国有企业和科研院所实施了以股权为标的的奖励计划。与此相比,北京中关村2011年底就有481家单位实施了股权和分红激励,其中国有单位有75家①。上海科技创新激励不足,主要有以下三个方面的原因:

一是创新评价机制不够多元化。创新是一个动态的多阶段过程,不同阶段、不同形式的创新活动具有不同的特征,因此相应的评价标准也应不同。对从事基础研究、应用研究、技术转移、科研服务、软科学研究、艺术创作等不同活动的人员应采取不同的、多元化的评价体系,探索"同行评议"、"第三方评

---

① 上海市信息中心.关于上海加快建设全球科技创新中心的若干思考[R].2014-07-23.

价"、"国际评价"等评价办法。

二是创新激励力度不够。尽管上海制订了各类人才计划,但是大多数计划的支持力度还停留在10年前的水平,与南京、苏州等周边地区相比有较大的落差;创业政策支持力度也不及周边城市,致使优秀人才不断流失。

三是激励对象需做相应调整。上海目前对人才的支持更多地体现在诸如"千人计划"之类的高端人才身上。但是大量海外高端人才并非全职在上海工作,导致大量创新资源的浪费。对真正扎根上海的本土人才的激励力度却相对不足。另外,目前对人才的激励更多地体现在个人身上,对于创新团队的激励不足,不利于合作创新活动的开展,也不利于激发出创新的协同效应。

(五) 配套政策支持瓶颈

2015年5月26日,上海市委、市政府公布了《关于加快建设具有全球影响力的科技创新中心的意见》。根据这份意见的要求,市政府部门围绕建立市场导向的创新型体制,相继出台了一系列的创新服务政策,进一步优化科技创新的市场环境。

表7.9 "科创中心22条"相关政策措施

目标	措施	已出台的政策
建立市场导向的创新型体制机制	着力推进政府管理创新 改革财政科技资金管理 深化科研院所分类改革 健全鼓励企业主体创新投入的制度 完善科技成果转移转化机制	关于加强财政科技投入统筹的操作细则 关于推动国有企业科技创新的操作细则 关于进一步促进科技成果转移转化的操作细则
建设创新创业人才高地	进一步引进海外高层次人才 充分发挥户籍政策在国内人才引进集聚中的激励和导向作用 创新人才培养和评价机制 拓展科研人员双向流动机制 加大创新创业人才激励力度 推进"双自"联动建设人才改革试验区	关于建设具有全球影响力的科技创新中心的人才服务管理政策

续表

目标	措施	已出台的政策
营造良好的创新创业环境	促进科技中介服务集群化发展	
	推动科技与金融紧密结合	关于金融支持上海科技创新中心建设的操作细则
	支持各类研发创新机构发展	关于进一步加大科技创新扶持力度的操作细则
	建造更多开放便捷的众创空间	
	强化法治保障	关于促进知识产权保护和应用的操作细则
优化重大科技创新布局	加快建设张江综合性国家科学中心和若干重大创新功能型平台	
	实施一批重大战略项目,布局一批重大基础工程	
	建设各具特色的科技创新集聚区	

目前,上海在建设全球科技创新中心的过程中重点在以下几个方面推出了重要措施

1. 人才政策

人才政策除了之前提到过的人才落地政策,即绿卡与户口政策,还包括相关的配套措施。全国其他地区在相关配套设施方面主要集中在六大方面,安家补贴、人才住房、子女入学、培训补贴、个税激励、社会保障。上海市政府也建立了自己的一套人才引进配套措施。上海市委、市政府出台《关于深化人才工作体制机制改革促进人才创新创业的实施意见》提出,规范和优化外环内商品住房项目中配建不低于5%保障房主要作为面向社会的公共租赁房使用。其次,鼓励区县、产业园区和企业向体制外优秀科技创新创业人才提供租房补贴。另外,对达到上海市居住证积分标准分值且缴纳个人所得税达到一定数额或职工社会保险缴费基数达到一定标准的非沪籍人员,定向微调住房限购政策。

就绿卡和户籍而言,上海相关方面的改革已经走在了全国前列,这将为上海集聚全国乃至全球创新人才提供良好的制度支撑。与其他地区相比较而言,在上海人才政策的生活配套激励政策方面具体实施措施方面还需要细化,并建立起完整的体系。上海人才政策建设主要存在几个问题:尚未形成激励经营者和技术创新的创新原动力机制,市场化进度缓慢,人才价值还未充分体

现按劳分配原则。人才政策呈现多门和条块分割，无法有效协调统一，致使人才管理的资源分散。深层次的原因是人才管理的理念虽然超前，但是人才政策建立制度却落后于人才管理理念。

2. 科技金融服务政策

首先，财政支持政策无法有效创新，对比深圳和珠海横琴的现代服务业税收优惠，上海的科技金融政策已经落后。其次，由于缺乏科技创新的龙头企业，无法相对应给予优惠政策，达到以点带面的效果，政策延伸性得不到有效发挥。上海在保障鼓励产业用地和降低用地成本方面的政策停滞，管理模式已经相对落后。在天使投资方面，市政府与区县无法形成合力，撬动社会资本共同参与，机制体制上政府参与程度过高，一旦企业度过发展的初期阶段，政府参与过度抑制了企业自身发展的活力。天使投资的项目筛选和资金额度的管理机制分工不够明晰，出现问题时，容易互相推诿踢皮球。此外，相关的激励扶持政策主要针对中介服务业、专业服务业等行业大类，还不能完全适应科技创新服务业的具体要求。政策覆盖领域、政策扶持对象和政策优惠力度等方面还存在结构性问题，例如对小微型科技服务业的金融支持、人才激励政策仍然缺失。

3. 载体建设政策

首先，上海的载体建设政策对优秀园区开发主体的支持力度不足，急需在土地政策方面继续加大支持力度。目前的问题主要是，在土地指标方面，部分年度市统筹土地指标无法有效支持开发主体；在土地供应方面，园区开发主体缺乏有效方式获得工业用地、研发总部类用地。其次，城市产业综合体的规划建设不合理，从香港、新加坡、深圳等地的成功经验看到城市产业综合体的建设的重要性。目前上海这方面的规划建设满足不了部分科创企业需求，无法让自贸区试点成熟经验在新载体上扩大试点范围，相关的规划建设也没有配套政策。最后，"新载体"的财政资金支持政策不完善。上海市科技创业孵化器的财政资金支持政策相对完善，但是"新载体"建设专项资金支持还没有出台。需要完善相关政策，对"新载体"建设中所发生的公共服务平台建设费用、土地二次开发相关贷款利息等给予财政资助；对"新载体"进行一定额度补贴和支持，降低科创企业发展初期的运行成本；对推动"四新"经济发展成效显著的园区开发主体给予适当奖励。

四、对推进上海全球科技创新中心市场环境建设的几点思考

打造具有全球影响力的科技创新中心是一个战略目标,也是一个长期而又复杂的系统工程,需要多方的力量齐心协力、共同推进。面对上海科技创新的各种制约瓶颈,需要从现状、未来和大局(全国乃全球)这三个维度综合、系统思考,要紧紧抓住国内深化改革、经济转型升级等战略机遇,顺应全球科技创新的新趋势,从以下几个方面进一步优化市场环境。

(一) 创新科技管理模式,进一步释放创新空间和激活创新潜能

第一,重新审视目前科技创新管理体制,聚焦顶层设计,打破多头管理的局面,完善科技创新战略规划

一是要把科技创新作为一项长期发展战略任务,立足长远、站在全国乃至全球的高度来系统谋划管理体制的顶层设计,构建高度统一的协调机制,组织协调全市的科技创新工作。二是顺应全球科技创新中心发展的要求,完善科技创新战略规划。积极开展全球科技创新中心建设大讨论,充分分析和把握目前上海科技创新的现状,并结合全球科技创新发展的趋势,完善科技创新战略规划,同时将全球科技创新建设纳入上海"十三五"规划和新一轮城市总体规划中,制定中长期行动方案和相关配套政策。

第二,推进简政放权,进一步释放科技创新的市场空间

抓住深化改革的机遇,进一步取消和下放与创新创业密切相关的审批事项,降低市场准入门槛,简化行政审批手续,为创新主体释放出更大的市场空间。

第三,通过政策引导和市场配置资源的作用,充分挖掘和发挥国企、民企和外资企业在科技创新中的作为,使其成为真正的科技创新主体。一是要调整国企的功能定位,使其向科技创新的平台转变,培育其科技创新引领和科技创新服务的助推功能。促进国企的生产与研发功能的分流,强化科技创新功能,引入市场机制,在一些关键性、基础性的产业领域,发挥其创新服务、创新引领和需求带动作用,成为行业创新发展的发动机和助推器。二是培育和发展民营企业,使其成为新技术运用的领先者和科技成果产业化的主力军。上海要高度重视和发挥民营企业创新的活力,通过政策引导将政府和国企的需求以及政府的创新资源向民营企业开放,甚至倾斜,使其成为上海科技创新,

尤其是新技术运用和产业化的主力军。三是引导外资在先端前沿科技创新领域加大技术引进力度,并提升其在先端领域的技术消化吸收能力,促进其二次开发,使其产生更多的技术溢出效应。

(二)加强各种创新资源整合和资源共享,促进协同创新

资源的整合与共享是互联网时代表现出来的必然趋势,也是推进协同创新的基础,有利于发挥上海自身拥有的创新资源优势,也有利于促进各创新体的创新活动。

(1)积极开放政府资源,促进资源共享。抓住大数据时代产业融合发展的机遇,积极开放政府拥有的各种科技数据资源,如技术成果、高新技术企业名录、技术交易数据、新技术新产品、设计创新中心、大学科技园、科技企业孵化器、工程中心和重点实验室等数据,使这些数据与创新主体(企业、创业者、科研机构等)"联起来",让创新主体"用起来"。

(2)合理促进现有各种创新资源,如大学科研究构、企业研发中心以及各种科技服务机等的整合与互动协作,形成一批具有影响力、具有协同创新功能的科创机构以及推动创新服务的科技服务机构。

(3)进一步探索、完善科技创新成果产业化的评价体系和激励机制,加强技术和产权交易所、科技孵化器、创业中心等科技创新中介服务组织的建设和相互合作,形成全方位、多层次和市场化的科技创新中介服务体系,促进产学研之间互动协作以及科技创新成果转化,实现科技创新与产业协同发展的局面。

(三)积极推进合作交流,搭建各种创新平台与集聚全球创新资源

(1)促进与全球、特别是发达国家的科研机构、大学等科技创新组织和全球科技创新中心城市合作,使上海在全球科创体系中成为重要节点城市,具备在全球范围内配置包括人才在内的各种创新资源的能力。

(2)加强与长三角城市群等国内城市的科技创新合作。推进长三角城市群高科技园区、研究机构和科技创新公共服务平台等方面合作,充分发挥资源共享、信息互通互补和协同发展的作用,推进长三角城市群科技创新网络化建设。

(3)搭建一批开放型科技创新平台,促进市场化的创新合作。平台是资源共享、思想碰撞、创意交汇进而引发合作的重要载体。要进一步推进与完善

开放型研发平台建设,加强基础性研发力量,弥补上海目前在重大基础科研方面的不足。在高端制造业、生命科学、新材料等领域,应鼓励其龙头企业牵头创建行业性的研发平台,鼓励行业内外企业开展创新联盟、创新合作。要进一步推进与完善开放型创新服务平台建设,形成合力,化解科技成果转化不畅等难题。在科技信息、科技金融服务、科技成果交易、科技孵化器等领域,应更多地依靠市场自身的力量,大力支持相关服务企业转型为平台服务企业,促进平台经营和管理的市场化。

(四)进一步完善创新人才机制,打造全球创新人才高地

(1)优化科技创新人才开发政策,聚焦重点。结合科技创新发展的重点领域和上海重大科技专项、重点科技创新项目的人才需求,着力培养和引进科技创业领军人才、科技研发领军人才,汇聚一批具有国际视野、具有高度专业知识和技能的高层次人才。创新和完善人才开发相关政策,在全国乃至全球范围内促进科研院所与企业在科技创新人才培养等方面的合作。

(2)进一步完善科技创新人才配套政策,留住高层次人才。重点完善和落实医疗、社会保障、子女教育、居住等相关人才引进制度,优化科技创新人才的工作环境。

(3)强化人才载体建设。进一步加强重点实验室、工程技术中心、博士后流动站以及科技创新孵化器、产业基地等人才载体建设,为各种创新人才提供更优质的科技创新服务和舒适的创新活动空间,培强人才的吸引、集聚能力。

(五)推进新载体建设,增加全球创新要素配置功能和提升科技孵化能力

(1)聚焦高端化、国际化研发创新功能集聚区建设,提升与国际同步的创新策源功能、引领潮流的前沿创新成果转化功能、面向全球的创新要素配置功能。

(2)打造一批零成本创业载体,积极扶持草根创业,形成充满活力的"大众创业,万众创新"的乐园。

图书在版编目(CIP)数据

上海供给侧结构性改革与降低制度性交易成本研究 / 沈开艳等著. —上海：上海社会科学院出版社,2019
ISBN 978-7-5520-2744-0

Ⅰ.①上… Ⅱ.①沈… Ⅲ.①区域经济－经济改革－研究－上海②交易成本－研究－中国　Ⅳ.①F127.51　②F724

中国版本图书馆 CIP 数据核字(2019)第 088018 号

上海供给侧结构性改革与降低制度性交易成本研究

著　　者：沈开艳　彭　辉　等
责任编辑：应韶荃
封面设计：右序设计
出版发行：上海社会科学院出版社
　　　　　上海顺昌路 622 号　邮编 200025
　　　　　电话总机 021-63315900　销售热线 021-53063735
　　　　　http://www.sassp.org.cn　E-mail: sassp@sass.org.cn
照　　排：南京前锦排版服务有限公司
印　　刷：上海信老印刷厂
开　　本：710×1010 毫米　1/16 开
印　　张：11
字　　数：181 千字
版　　次：2019 年 7 月第 1 版　2019 年 7 月第 1 次印刷

ISBN 978-7-5520-2744-0/F・574　　　定价：68.00 元

版权所有　翻印必究